用会议激发团队效能

说服的逻辑

ロジカル・ディスカッション

[日] 堀公俊　加藤彰 / 著

刘波　译

人民东方出版传媒

东方出版社

图字：01-2010-8015 号

LOGICAL DISCUSSION—Team Shikou no Seirijutsu
By KIMITOSHI HIRO&AKIRA KATO
Copyright © KIMITOSHI HIRO&AKIRA KATO. 2009
Simplified Chinese translation rights © Oriental Press. 2010
All rights reserved.
Original Japanese Language edition published by Nikkei Publishing Inc.（renamed Nikkei Business Publications, Inc. from April 1, 2020）
Simplified Chinese translation rights arranged with Nikkei Publishing Inc.
through Hanhe International（HK）Co., Ltd.

图书在版编目（CIP）数据

用会议激发团队效能. 说服的逻辑／（日）堀公俊，（日）加藤彰 著；刘波 译. —北京：东方出版社，2021.8
ISBN 978-7-5207-2311-4

Ⅰ.①用… Ⅱ.①堀… ②加… ③刘… Ⅲ.①企业管理—组织管理学 Ⅳ.①F272.9

中国版本图书馆 CIP 数据核字（2021）第 147972 号

用会议激发团队效能：说服的逻辑
(YONG HUIYI JIFA TUANDUI XIAONENG：SHUOFU DE LUOJI)

作　　者：	[日] 堀公俊　[日] 加藤彰
译　　者：	刘　波
责任编辑：	崔雁行　高琛倩
出　　版：	东方出版社
发　　行：	人民东方出版传媒有限公司
地　　址：	北京市西城区北三环中路 6 号
邮　　编：	100120
印　　刷：	北京文昌阁彩色印刷有限责任公司
版　　次：	2021 年 8 月第 1 版
印　　次：	2021 年 8 月第 1 次印刷
开　　本：	710 毫米×960 毫米　1/16
印　　张：	16.25
字　　数：	169 千字
书　　号：	ISBN 978-7-5207-2311-4
定　　价：	58.00 元

发行电话：(010) 85924663　85924644　85924641

版权所有，违者必究

如有印装质量问题，我社负责调换，请拨打电话：(010) 85924602　85924603

目录

前言　1

序章
逻辑思维
Logical thinking

　1　为什么是逻辑讨论　3
　2　操控"纵向逻辑"和"横向逻辑"　7
　3　促动师的 12 个基本动作　12
　4　从构建讨论流程开始　16

第 1 章
概括
Summarizing

　1　本意在哪里　21
　2　明确发言的内涵　23
　　（1）重申发言的要点　23
　　（2）基本动作①　明确论点　25
　　（3）基本动作②　归纳要点　29

（4） 基本动作③　改用简单易懂的表达方式　38

3　确认一下你的概括能力　44

（1）确认理解能力的练习　44

（2）提高概括能力的练习　48

4　现场实战之概括技巧　52

（1）概括内容过长变成危险信号　52

（2）背景不明则含义不明　54

（3）提高"听力"　56

（4）怎样对付这种"捣乱分子"　59

第2章

验证

Verification

1　为什么这样断言　65

2　使主张合情合理　67

（1）检查主张和根据之间的关系　67

（2）基本动作④　明确思路　70

（3）基本动作⑤　矫正思路歪曲　77

（4）基本动作⑥　调整思路偏离　89

3　确认一下你的验证能力　93

（1）确认理解能力的练习　93

（2）提高验证能力的训练　97

4　现场实战之验证技巧　100

（1）在注意关联性的基础上介入　100

（2）怎样对付这种诡辩　104

第3章

整理
Classification

1　为什么问题得不到解决　113

2　明确讨论的整体概况　115
　　（1）整理的基础在于分解　115
　　（2）基本动作⑦　分解主题　121
　　（3）基本动作⑧　意见分类　130

3　确认一下你的整理能力　134
　　（1）确认理解能力的练习　134
　　（2）提高整理能力的训练　137

4　现场实战之整理技巧　142
　　（1）难以整理时的突破法　142
　　（2）怎样一人身兼三职　143

第4章

统一
Integration

1　令人信服的归纳是什么　149
2　把不同的意见合而为一　151

（1）最后关头不可大意　151
　　（2）`基本动作⑨`　确定优先顺序　153
　　（3）`基本动作⑩`　构建上位概念　157
3　确认一下你的统一能力　163
　　（1）确认理解能力的练习　163
　　（2）提高统一能力的训练　166
4　现场实战之统一技巧　171
　　（1）归纳需要时间思考　171
　　（2）无论如何归纳不出　173

第5章

架构
Frame-working

1　为什么架构如此重要　179
2　确定构成讨论的基础　181
　　（1）灵活运用架构　181
　　（2）`基本动作⑪`　选择架构（模式）　185
　　（3）`基本动作⑫`　选择切入点（视角）　190
　　（4）实际应用商务架构　192
3　确认一下你的架构能力　201
　　（1）确认理解能力的练习　201
　　（2）提高架构能力的训练　204
4　现场实战之架构技巧　207
　　（1）成为运用架构的高手　207

（2）记住正确的用法　209

（3）运用架构有"章"可循　211

终结章
推动讨论
Facilitation

1　试试看你的能力怎么样　217

2　仅凭逻辑能否推动会议现场　223

后序　227

特别附录　231

前言

"我想好好总结一下讨论内容……"

实际情况往往是干劲很足，现实很无奈！

"今天我一定要条理清楚地做好会议总结！"自信满满的 A 氏早在召开会议前，就征询过全体成员的意见，然后带着看似稳妥的结论——摸底调查的"共同点"，胸有成竹地来到会议现场。

可是，会议刚刚开了个头，意外的提议就接二连三地冒了出来。这下，A 氏的脑海彻底被"怎样设法让这个意见贴近共同点"这个问题占据。然而他越急于引导其他观点贴近那个共同点，大家就越抵触。

结果，时间迫近，最后只能单独调整，会议因此陷入僵局。之所以如此是因为 A 氏过度关注"总结"，一门心思只考虑怎样与事前准备的结论相结合而导致的。

下面这些情况也很常见，令人无法置信的"一幕"惊现在眼前，那是有分寸的大人干的吗？

情况一，某人忽发奇想，侃侃而谈，发言偏离论点。其他人完全搞不懂他在说什么；情况二，原以为某人会接着前面的观点继续，却突如其来地听到他嗓音洪亮、振振有辞地谈起完全不沾边的话题。情况三，某人没完没了地继续令人摸不着头脑的发言，其他人茫然不知所云。

"时间不多了，我们应该进行总结了吧？"话虽如此，围绕结论，意见分歧才刚刚开始。

面对这样的情况，我们应该怎样处理？

本书要传达的信息就是"**不要归纳，要整理**"。

这一点和制作料理有些相似。当你鼓足勇气"打算做一道美味的料理"时，就一定能做出美味的料理来吗？

挑选食材，切菜，调味，选择合适的烹饪器具，用热水焯过，查看火候，正是这一道道"烹饪前准备"的累积，才能端出期待的美味。如果你跳过所有这些工序，只急于最后的装盘，将注定无缘于美味佳肴。

其实，即使在促动师当中，那些擅长归纳的人也不见得多么重视这个问题。

他们倾注全身心投入的对象是"让他人正确理解发言"，"对词汇做出明确定义"，"使论据确凿，条理清晰"，"提议多时，着手分类"，"结合准确的图解"等体系来梳理工作。因为他们知道，在这样做的过程中，自然会得出结论。

也就是说，促动师的职责不是"总结讨论"，而是"使讨论朝总结的方向发展"。

为了实现这个目的，需要某些根据。比如，交警站在十字路口中央指挥疏导交通，前提是大家遵守同一套交通规则。如果把这个场景换成讨论，那么，逻辑就相当于这里的交通规则。

在本书中，将以逻辑思考的思维模式为基础，阐述"使讨论朝总结的方向发展"的要点。

话虽如此，还请您不要误解。逻辑思考不一定要从零开始。笔者打算以自身丰富的经验为基础，以对讨论进行合理的整理为方向，告诉读者我们应该从周围环境中搜索的信息要点。

"哎，你是不是偏离主题了"，"你的根据是什么"，"这是总结吗"，"采用这种架构思考问题合适吗"等等，你锁定的要点是限定的。

一旦发现异常，只需向发言者提出问题，督促其进行整理即可，这就是体系梳理的基本思路。

基于这种思考方式，笔者着重从 4 个基本点出发对本书进行了整理。

第 1 点，对应讨论步骤，归纳促动师应该具备的 5 项职责。具体是"①概括 ②验证 ③整理 ④统一 ⑤架构"。在此基础上，进一步分为 12 个基本动作，以此明确促动师从周围环境中搜索的信息和要点。

第 2 点，为了促进对讨论意见的整理，本书收录了大量促动师提问时使用的参考例句。请你试着一边出声读一边练习，直到问题能够脱口而出。

第 3 点，训练方法。和体育运动同理，练习和考试二者相结合，才能提高技能。本书设计了一些单位同事聚在一起轻松实践的训练场景，请你务必通过这些模拟场景锻炼自己的个人能力。

第 4 点，附册思考架构集。一本全方位收录商业实战必备架构的手册。

那么，前言暂且写到这儿，让我们一起迈向"整理达人"的第一步吧。

无论你从本书的哪一部分开始翻阅都没有问题，不必通览全书后再参加实践。只要想起其中的任何一项，不要迟疑，请马上在实战现场小试牛刀吧！

"他一来，一切就清楚了。"

"对，有他在，我们就清楚讨论的主题了。"

"就像被重新梳理了一遍思路。"

为了成为这种受到大家肯定的人，来吧，让我们开始学习！

堀公俊　加藤彰
2009 年 11 月

逻辑思维
Logical thinking

1　为什么是逻辑讨论

2　操控"纵向逻辑"和"横向逻辑"

3　促动师的 12 个基本动作

4　从构建讨论流程开始

1 为什么是逻辑讨论

★ 拼劲儿

即使有人没听过日本原摔跤选手滨口京子这个名字，但只要提起"拼到底"这个口号，大家都会恍然大悟："哦，是'野兽滨口'那个顽固老爹啊。"这位以训斥女儿滨口京子选手为激励方式的人物，有着气贯长虹、引人侧目的气魄，一想到他便令人感到激情勃发。与"热血男儿汉"一词如此相称的人，在今天的日本恐怕已经不多见了。

但是，我们并不认为滨口老爹仅凭一股拼劲就能立足于这个世界。正如要凭一股拼劲冲击胜利一样，竞技体育的世界并不容易。只有日复一日地进行科学训练，在此基础上，加入最后一搏的拼劲才能心想事成。如果滨口的女儿自身能力不强，就不是拼搏方法不当的问题，而是需要寻求怎样改善训练方法的问题了。

说到"拼劲"，还有一个人值得一提，这就是同样出身原日本职业摔跤选手和综合格斗家的安东尼奥·猪木先生。猪木先生在众人面前大喊"1、2、3，飞镖！"的招牌姿势曾在日本各地掀起过一阵热潮。

当然这些是文体圈中的事，你或许在纳闷：既然明白这个道理，干吗要扯到这个话题上来？其实，出乎你我意料，在实际生活中，"拼劲儿"这种东西正在蔓延开来。

例如，政治圈就是一个例子。当政治家面对"不增加税收，从哪里筹措政策性资金"的质疑时，我们听到的回答常常不外乎两种，或者是"把一个年度的支出压缩到最低限度"；或者是"只要经济景气指数恢复至正常水平，就能做到收支平衡"。上述任何一种回答均未拿出像样的根据，其本质和大谈"拼劲儿"并无二致。

商业圈也是一样。我曾向试图采用某种高风险策略的上司提出怀疑："您认为这样做有把握成功吗？"得到的答复却是："只能大家拧成一股劲好好干。"这真不愧是脚踩"拼劲儿"的经营之道。

★ 事到如今，还有何面目……

还有一点，阻碍逻辑讨论的绊脚石就是"面子"。

笔者认识的人里有一位在大型企业中央研究所担任企划部长。拿他的话来说，工作中最难的事莫过于"放弃已持续多年的研究课题"。

这其中，固然有他对研究课题的情结，但对于丢面子的抵触心理可能占较大比例。此人似乎把否定课题，错误地理解成对他本人的否定，因此才试图想方设法负隅顽抗吧。

近来有一个暴露出来的问题，就是公共事业的长期化。这个问题恐怕和前面的例子一样，属于同一种情况。作为公共事业的一部分，该项目从数十年前开始计划，伴随时代背景的巨大变迁，其必要性早已不存在，然而它却如幽灵般重生。这无法不让人觉得，该问题或许正是"事到如今能罢手吗""外行人懂什么"等以地方政府机构为首、涉及各方面人士面子的问题。

常言道："不能用KKD（经验、直觉、胆量）作为衡量标准。"如果让笔者评论，这么说还算好。直觉也是能力，经验也是议题，胆量也可以改用决断力表述。甚至，或许就是这里提到的"拼劲儿"和"面子"吧！

一旦上述两点问题愈演愈烈，规规矩矩的讨论将难以继续。到头来，为了保全自家面子，会逞一时之勇迎难而上，结果做出荒唐的决策。

★打破"受良心苛责的沉默"

日本人每每如此，无论从哪个方面讲，他们都是一个不善于运用逻辑思考解决问题、容易流于情绪的民族。而且，在谈判中，与逻辑相比，他们更容易受到环境氛围的影响。

即使他们试图使讨论合乎逻辑地进行，也会受到"这是理由吗"、"要察言观色"、"你能不能成熟点"等批评。在周围环境的巨大压力下，即使他们认为不合逻辑，也不会发表"我认为不对"的观点。一面是内心深处受苛责，一面却是什么也不说（不能说），这难道不是日本人开会时常见的情形吗？

但是，这样一来，我们就无法集思广益。如果朝着错误的方向逞强和顾及面子，就会更加愚蠢。而想在竞争近乎白热化的商务圈中，获取最后胜利的果实就成了妄想。所以，我们学习逻辑讨论的意义正在于此。

★讨论（Discussion）是什么

表示"商量"这个含义的词汇有很多，例如"谈话"、"会谈"、

"探讨"、"讨论"等。其中"讨论"一词，是指人们陈述相互之间的意见，分析哪一种观点最合适。经过探讨，一起拿出更好的创意，找出双方认可的结论，这就是讨论。英语叫做"Discussion"。

那么，我们根据什么得出结论呢？如果声音大的人或爱说话的人的意见获得通过，这就意味着意见未获通过的人对此并不认可。同样，凭借人数优势，多数派压倒少数派也是这个道理，即使当时做出决定，过后仍会留下隔阂。

在此，重要的问题不是哪一方的思路通过了，而在于思路的正确性（合理性）。我们将这个思路称为"逻辑"，即思考的路径。而且，通过人们相互之间意见的讨论与碰撞，从而选取最有条理的答案。或者，所有人一起构建一个合理的答案。这就是本书所讲的逻辑讨论，即根据主题条理分明地思考并进行讨论。

★逻辑讨论的3个好处

逻辑讨论具有3个好处。

第一，经过条理分明的讨论，可以处理复杂的问题。

面对今天这个环境变化迅速的时代，各种重要因素和利益相关方往往在一个问题上纠缠不清。如果我们不通过分析问题，理清每一个环节，就无法面对复杂困难的问题。

第二，最重要的一点是要抓住事物的本质。因为如果答案没有触及问题的核心，这个问题一定会再次浮出水面。结果煞费心机的讨论成为镜中花水中月。为此，我们必须通过坚持不懈的分析来探究根本原因，找到解决问题的关键和要害。

第三，是具有说服力的沟通。参见后文，能够使事物条理清楚的方法是世间普遍的规律。逻辑超越语言和文化差异，是一种任何人都能明白的通用语言。只要我们以逻辑为中心与人交流，就能展开具有说服力

图 1　逻辑讨论和非逻辑讨论

的讨论，大家对结论的认可率自然也会提高。

2　操控"纵向逻辑"和"横向逻辑"

★思考有道

首先，让我们重温一下关于逻辑的基本思考方法。

前文已经提及逻辑的概念，所谓逻辑，其实质就是道理。既然是道理，就有其出发点（开始），经过多种途径（经过），终于抵达目的地（目标）。我们把连接这三点的因素称为"逻辑"。

在本书中，把最初的出发点称为"论点"。换言之，思考的事物，抑或谈论的对象就是主题。在逻辑思考的世界中，有时也称其为立论。

与此相对，在理清条理的基础上思考事物（称为推论），最终得出的主张和结论就是终极目标。这在逻辑思维的世界中，有时也被称为信息。

此外，连接二者间的途径就是根据。指理由、判断标准、前提、事实等。根据的确切程度直接构成道理的正确性。

也就是说，论点（立论）和结论（信息）之间只要由确切的根据建立联系，就成为合理的存在。

★首先，应抓住论点

在进行逻辑思考的基础上，首先必须抓住相当于出发点的论点。因为，根据现实情况中发生的问题和把握的事实设定论点，由此得出的结论各不相同。

例如"我们公司的销售额下降了20%"这句话，它只是在陈述一件事实，而不是论点。如果你这样发言，其他人就分不清应该围绕什么来进行思考。

如果把这句话改成"怎样增加20%的销售额"，那么，大家应该围绕什么来进行讨论就明确多了，这是因为针对事实设定了论点。而且，例如"怎样将销售额增加20%"或"怎样在销售额下降20%的情况下确保利润"等表述不同，促使人们思考的内容和结论也完全不同。

也就是说，针对事实设定恰当的论点是构成逻辑讨论的基础。不管讨论怎样符合逻辑，如果设定的论点未切中要害，或偏离方向，就会失去讨论的意义。

为了避免这种情况，如上例所示，我们只要采用提问（主语+谓语+疑问词）的形式进行表述，论点就会清晰易懂。因此，设定论点也被称为立论。

而且，针对一个问题，不能只限于一个论点来进行整理。一般来讲，是按顺序围绕多个论点来展开讨论，以应对一个大议题。

沿用前例进行说明。就是按照"为什么销售额下降了20%"，"有什么恢复销售额的可行方法","最有效的对策是什么",这种顺序进行思考。

论点的并列有一定的模式,记住这种模式是一条捷径。具体内容将于后文阐述,在这里,笔者只强调一点:设定恰当的论点是展开逻辑讨论的大前提。

★纵向连接

一旦设定合适的论点,接下来,就是一步一步按顺序思考问题。

例如,我们设定一个"刮风时谁赚钱"的论点,由此可以想到"大风一起,跟着灰尘就会扬起","灰尘进入人的眼睛,失明的人就会增加",最后,得出"桶店老板的生意越来越好"的结论(从逻辑角度分析这个故事似乎有点荒谬,具体内容可参照本书第2章)。在逻辑讨论中,我们把这种联系称为"纵向逻辑",用"纵向连接"表述(注:"一刮风做木桶的就大赚"是一句古老的日本谚语。因为一刮风就起风沙,沙子进入眼里,盲人就增多,如果盲人都以弹三弦谋生的话,那么做三弦用的猫皮的需求就增加,猫如果减少老鼠就会增多,老鼠会去咬木桶,木桶畅销,做木桶的大赚。典出《东海道中膝栗毛》)。

反之,纵向逻辑连接不当,也就是条理中断,或连接方式错误,这就是所谓的"不合逻辑"。具体指没有对应论点的合适论据和原因,结果连接错误,以及目的和手段相悖等。这些问题和论点的偏离同时存在,是经常发生的问题。

为了避免上述情况,在逻辑学和统计学领域,有一条我们熟悉的"在某种特定情况下,某种特定的事实成立"的严密法则(规则)。

但是,这并不意味着不学习逻辑学,这些规则就不能发挥作用。人们通过经验能够或多或少掌握一些。从常识角度考虑,这些规则大都是我们了解的东西，没有必要把它们想得过于复杂。只要注意论点和论据、原因和结果、目的和手段之间的连接就可以了。

★横向整合

针对"大风一起，谁赚钱"这个论点，我们可能得出"因为风力发电所的风车转速加快，所以电力公司赚钱"的结论；或者可能认为"因为晾在户外的衣物被风吹跑了，所以服装店赚钱"。围绕一个论点可以设定几种思路，如果不从中选择最恰当的一项，结论的可信度就会有失偏颇。

或者，当我们麻痹大意时，逻辑疏漏也会经常发生。

例如，当你怀揣一份优秀的提案前往上级领导处汇报，或许因为对方一句"你提交的报告的确是一份对我们公司和客户来说最合适的提案，但是，这样做真的有把握击败竞争对手吗"的答复被问得理屈词穷。在逻辑讨论中，我们把这种逻辑展开称为横向逻辑，用"横向整合"一词表述。

我们往往倾向于从一种视角思考事物。一旦发现一条看似不错的思路，就开始寻找证实它的合理性的根据。为了避免这种情况，我们应该从广泛的视角进行思考，直到导出更恰当的结论。换句话讲，大家展开讨论的目的就是为了这一点。

此外，为了横向整合，事先准备好大量符合论点的思考方式的切入点非常重要。为此，能够包含整体、没有大的遗漏的切入点的组合将发挥较大作用。我们把这种组合称为架构。只要善于运用架构，横向逻辑将更容易统一。

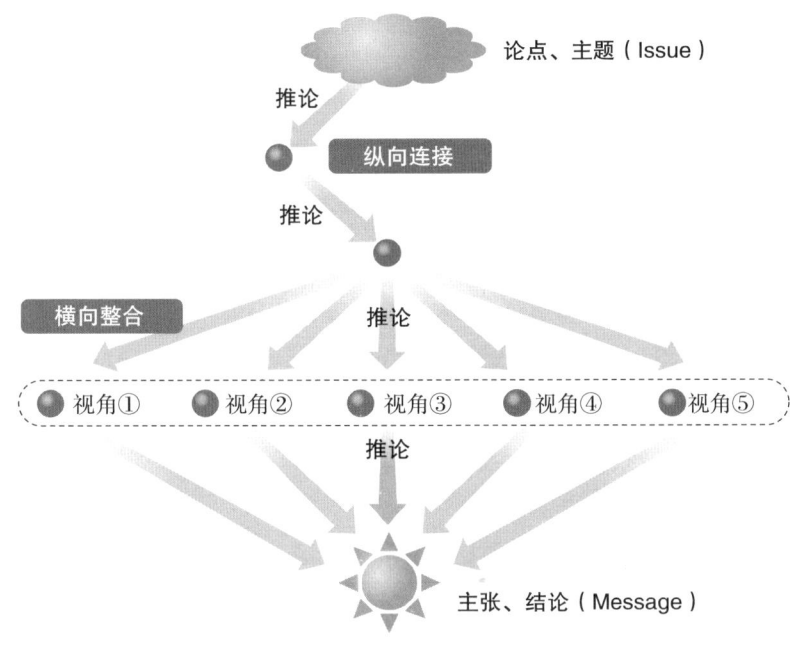

图 2 逻辑的基本结构

★共享架构

纵向连接，横向整合，逻辑构建完成。常见形式如图 2 所示的金字塔结构。进行到这一步，逻辑就可以融会贯通了。

还有一点很重要，就是在参与讨论的团队成员之间共享架构（结构），即拥有共同的架构。

如果不这样做，我们很难注意到相互之间架构的差异，或因此相互产生误解，或陷入来回兜圈子的困境。一个人进行思考时关系不大，但大家参与讨论时，应该采用哪种架构来思考问题，此时，架构的设定和共享就变得格外重要。换句话讲，设定和共享架构就是构建思考的基础。

3　促动师的12个基本动作

★ 促动师的5项职责

　　逻辑讨论是深刻地洞察事物，更好地解决问题的基础，无论谁都应该掌握。

　　但是，世界上总有擅长逻辑思维的人和不擅长的人之分，并非所有人都能进行逻辑思维。这样一来，当擅长逻辑思维的人和不擅长的人交谈时，或者双方意见不合，或者擅长逻辑思维的人一味坚持逻辑，这种情况十分常见。

　　此时登场的是推动双方讨论的促动师。促动师的职责是在擅长逻辑思维的人和不擅长的人之间搭起一座桥梁，构建同一个讨论平台。与全体参会者学会逻辑性思考相比，促动师的工作会更有效率。

　　要分析促动师的职责，从对象轴（影响个人——影响团队）和功能轴（统一——分析）两个坐标轴进行思考，更有助于理解。这样一来，按照讨论进展的方向，促动师的5项职责和12个基本动作就必不可少了。

（1）概括

　　人在发言时不一定符合逻辑。某人想表达什么观点呢？对此，促动师应从整理每个人发言的逻辑性入手，或者帮助对方用简短的词汇概括模糊不清的发言主旨，或者改用简单易懂的方式表达本意。这样做，大家就能用同一种说明方式来理解每个人的发言了。

　　基本动作①　明确论点
　　基本动作②　归纳要点
　　基本动作③　改用简单易懂的表达方式

（2）验证

发言主旨大致清晰了，接下来，发言者的思路是否恰当，促动师需要对此进行逻辑测试，运用纵横逻辑对论点偏离、论点论据的连接、观点遗漏等问题进行分析。思路不当时，应督促本人当场修改。可以说，验证是一种深入探讨的技巧。

基本动作④ 明确思路

基本动作⑤ 矫正思路歪曲

基本动作⑥ 调整思路偏离

（3）整理

促动师对每个人提议的逻辑做出大致整理后，下一步是对大家的意见进行归纳整理，以掌握整体情况。因为如果跳过整理这一步，就无法继续处理。具体工作是对意见进行分类，或把意见分解成要素。除了"分解"之外没有其他方法。

基本动作⑦ 分解主题

基本动作⑧ 意见分类

（4）统一

整理工作结束，明确了整体情况，最后一步是统一并得出结论，也就是我们常说的归纳。从众多意见中选取重要内容，合并成一个。从某种意义上来讲，这个环节难度最大，是促动师展示个人能力的重要环节。

基本动作⑨ 确定优先顺序

基本动作⑩ 构建上位概念

（5）架构

为了使这些操作能够顺利进行，提示思路的架构非常重要。架构不统一时，团队讨论无法在同一平台上进行。这时登场的是使讨论可视化的框架。只要在团队中较好地共享思考的基础，讨论的逻辑程度就会提高。

基本动作⑪ 选择架构（模式）
基本动作⑫ 选择切入点（视角）

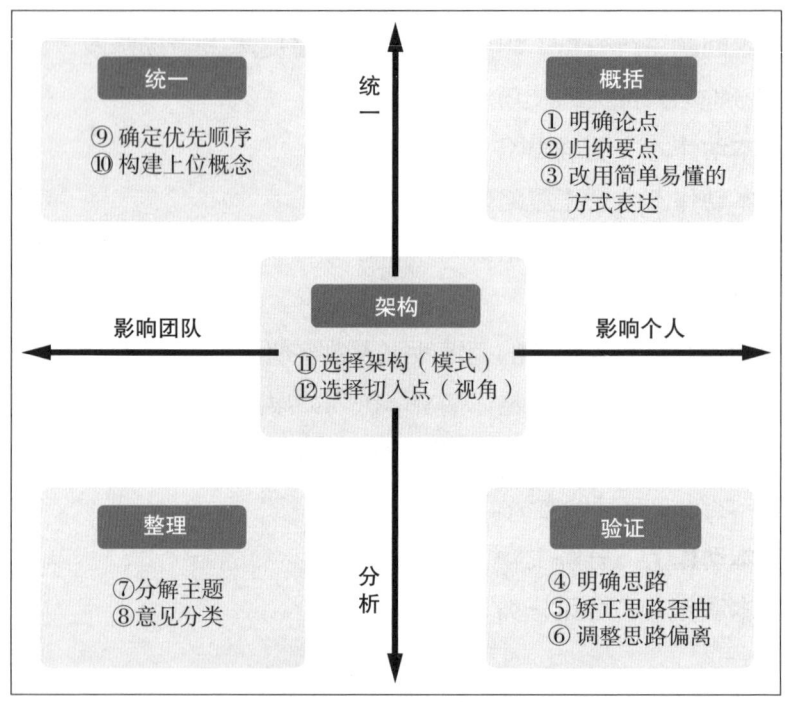

图3 促动师的5项职责

★ 灵活应用可视化工作法

在这5项职责的基础上，促进逻辑讨论还有一个必备工具。它就是用图文形式再现讨论内容、使表达更清晰易懂的可视化工作法。

展开讨论时，每个成员正在思考什么，无论是大家相互之间，还是促动师都看不到。眼睛看不到的东西是不可控制的，这一点是可视化的基本思考方式。在看不见的状态下，即使促动师试图理清关系也很困难。

但是，如果我们借助白板或纸张等工具，使讨论的条理和架构等"可视化"，讨论的逻辑程度就会发生质的飞跃。模糊不清的观点经过概括和记录，信息共享，验证也变得简单可行。此外，只要从视觉角度对讨论内容进行整理，在成员之间进行架构，促动师对讨论方向的操控就会更容易。把仅通过语言交流的空中战转化成视觉共享的地面战，这一点在推动逻辑讨论的过程中必不可少。

如果您有兴趣进一步了解可视化工作法，请参考同系列书目《向会议要效益2：视觉化你的会议》。因篇幅所限，本书不再花费笔墨介绍与该书相关的内容，但在实践过程中，当您对讨论进行描述的时候，请在脑海里留一点位置，记住可视化工作法的各种作用，因为逻辑讨论和可视化工作法两者相辅相成、密不可分。

图4　可视化工作法范例

4　从构建讨论的流程开始

★确定目标和过程

接下来，笔者想带领大家直奔本章主题——推动逻辑讨论的方法，但之前有一件事必须完成，这就是会议设计。就算有人要求我们立刻展开逻辑讨论，但是，围绕什么问题进行讨论，论点是否设定，如果这些问题不明确，我们就无法展开讨论。

首先，请你设计今天的目标。今天的会议准备得出什么结果，即确定目标的终点（成绩）。具体来讲，要明确什么事，到什么程度；如果不能确定，把什么作为目标；是否只要保证会议的方向性正确，只调整大家对问题的认识，只相互交换意见……今天在这个会议现场要确定所有大家希望实现的目标，这就是目标设计。

还有一点，就是大家围绕目标按照什么步骤展开讨论，讨论的主题，即设定的论点。例如，如果大家围绕"减少30%的间接管理费"这一议题进行讨论，可以按下面的方式进行。

> 目标：确定减少30%间接管理费的重点措施
> ① 分享问题：为什么要减少30%？
> ② 分析原因：为什么间接管理费这么多？
> ③ 提出意见：我们应该采取什么措施？
> ④ 确定行动：重点应对措施是哪一项？

这在会议中被称为构建议程（议题）。提前思考论点的流程是构成逻辑讨论的出发点。

★讨论的过程有模式可依

上例属于"问题解决型"讨论。即使是针对同一个目标，也有不同的展开方式。例如下面的论点流程。

目标：确定减少30%间接管理费的重点措施
① 收集信息：过去采取了什么应对措施？
② 提出意见：下一步采取什么应对措施？
③ 细化方案：最有效的方案是哪一种？
④ 付诸实施计划：由谁？到何时为止？做什么？

这种方式不探究引发问题的原因，因此，把责任强加于某人的情况得以避免。但同时，也可能找不到解决问题的根本措施。

像这样，与一个主题相对，有各种不同的展开方式。促动师应该记住多种展开模式，根据主题和成员的具体情况，从中设定一个议题。把该议题作为论点，以提问形式展示给大家。

关于展开模式，参见同系列书目《向会议要效益1：好会议是策划出来的》中的具体论述。其中涉及的模式在图5中进行了简单的归纳，可作为您在设计会议流程时的参考。

但是，这些模式始终只是假设，在现实情况下，会议未必按这种既定模式进行。有时，会议刚刚开始，你就可能遭到来自成员"用这种方式怎么展开讨论"的一致反对，于是只好尴尬地改变方式重来，这种情况并不少见，并且在讨论过程中发现新论点的情况也时有发生。

虽然事前准备会议的概要很重要，但如果按预想的那样进展，你就有寻找证明之嫌。请暂且抛开概要，召开一场"没有概要"的会议。为此，你必须设定灵活应变的论点。

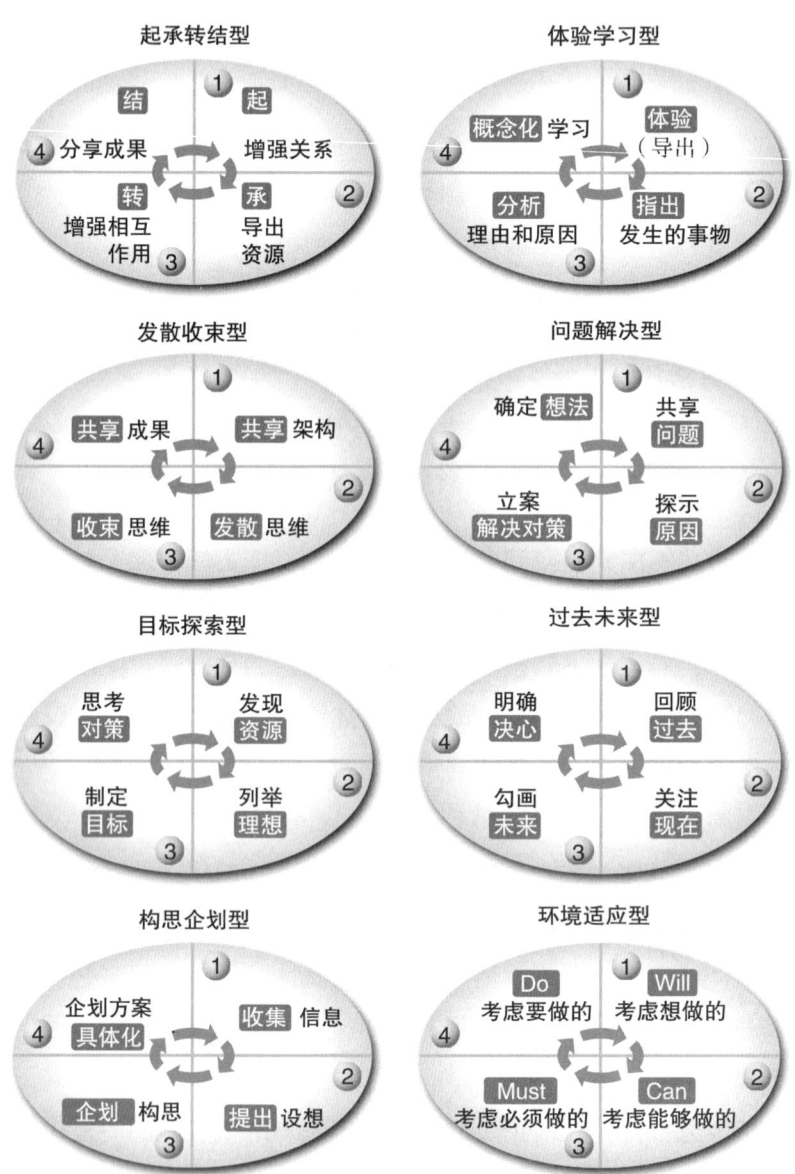

图5 论点并列法范例

概括
Summarizing

1   本意在哪里

2   明确发言的内涵

3   确认一下你的概括能力

4   现场实战之概括技巧

1　本意在哪儿

★穷人就应该吃麦子吗

无论什么时代，轰动媒体的热点话题之中都有政治家口误的例子。比如"黑人智商低"、"强奸犯精力旺盛"等口误，在此无暇一一列举。"什么，有人那么说过吗?"或许忘记这些话的人为数不少，但是，如果你试着在谷歌上输入关键词"政治家"、"口误"等进行查找，就会涌出超过20万条的信息。

提起这些口误中的经典，当属日本前首相——池田勇人的一句名言"穷人应该吃麦子"。这句话是1950年12月7日，在日本参议院预算委员会，池田氏（当时担任大藏大臣）接受在野党质疑答辩时脱口而出的一句话。如果从字面意义来解释其发言主旨，作为一个大藏大臣，这的确是一句不合时宜的发言。

但是，笔者曾翻看过相关会议记录，但在哪儿也找不到其记录。

"提高米价，但不同时提高麦子或其他价格"这句池田藏相的话到底出自哪儿呢？对此，笔者只能引用下面的内容来回答。

那么，用什么来形容日本国民整体呢？向所得多的人和所得少的人分派相同比率的大米和麦子。这是完全的统一化管理。按照个人所得，所得少的人吃麦子，所得多的人吃大米一样，经济能够正常发展是我的心愿。

（参议院会议记录　第009届国会　预算委员会　第9号撰文）

如果是你，会怎样概括这段发言的本意呢？"穷人应该吃麦子"是池田前首相想表达的真正意思吗？

"应该根据个人所得改变消费内容"是这段话的本意吗？走出战后的混乱时期，从由政府统一主导国民最低生活保障的时代，到遵循经济原则，迈入更富裕的时代。这句话表达了前首相池田希望增加国民所得税税收这一迈向自由主义的基本思路。

当这句话中的"所得少的人"被曲解为"穷人"，"多吃麦子"被歪曲为"去吃麦子"，再拿腔作调地在新闻中报道"穷人忍耐一点，去吃麦子吧！"当然会招致非议。直到现在，可以说这仍然是一个见证喜欢捕风捉影、无事掀起三层浪的媒体面目的事件。

虽然不是所有政治家的口误都像这个例子一样，但被误解和曲解后传得沸沸扬扬的情况仍然很多。不过是"话中有漏洞"，仅此而已，但由此警醒我们沟通交流的难度和可怕之处有多大。

★ 模糊不清的词汇导致误解

即使争辩，这样的误解还会不断地纠缠我们。

像这段发言一样，当说话人措辞不清时，听话的人会按照他们的想法对你的发言进行解读；听话方也一样，如果大脑始终被"下面他该说什么呢"的想法占据，精力不集中在对方的发言上的话，就很有可能影响对发言本意的理解。

加之，说话方和听话方使用的架构不同也是产生误解的一大原因。如果双方分别使用各自的架构来解读词语，那么，即使是同一个词，也不会有相同的解释。而且，为了消除误解，有时越解释反而误会越深，这在日常生活中很常见。

为了避免上述情况的发生，当发现产生误解的迹象时，促动师需要构建共识，这种发言在现在的场合下应该使用这种解释，除此之外别无他法。

2 明确发言的内涵

（1）重申发言的要点

★不明白他想说什么

为了使论证符合逻辑，前提是要围绕"这个人想说什么"，"他发言的本意是什么"来构建统一认识。

但令人遗憾的是，大多数人不能够明确地对他人表达自己想说的内容。

①发言时间长，无关信息多，重点不明。
②现在探讨的论点与发言的哪一句相关？
③发言内容空洞，重点不明，不明白具体指的是什么？
④不明白结论是赞成还是反对？
⑤说话兜圈子，不明其意。

上面这些情况很常见吧？可以说，正因如此，讲述"说话方式"的书籍才比比皆是。

身为促动师，你必须以这种不能够明确表达自己观点的人在场为前提，思考怎样帮助大家进一步正确理解相互之间的本意。

对此必须用到概括。用简短的词汇概括含糊不清的发言主旨，清晰地表达发言的要点和本意。当发言者表达含糊不清时，促动师应主动接过话锋，用"是指……吗"的表述来概括并重申。在确认其本意的同时，促进其他人的理解。让我们首先从这一步开始吧！

★ 概括的3个基本动作

那么，为做好概括，促动师需要准备些什么呢？

1) 明确论点……基本动作①

论点，就是"某人在围绕什么发言"，即确认发言的主题。换句话讲，就是确认发言的出发点。因为如果论点偏离，即使促动师对发言进行概括，也没有意义（M：成员　F：促动师）。

M：我想做的工作很多，可惜时间不够……
F：你是指参加本次的革新项目吗？

2) 归纳要点……基本动作②

遵循现在讨论的论点，明确发言的要点。从发言中，选取符合论点的重要部分，并确认它们是否符合论点。这时重要的词语是"总之"。

M：我想做的工作很多，可惜时间不够……
F：总之，你的意思是干不了吗？

3) 改用简单易懂的表述……基本动作③

当发言中冒出模糊不清的词语时，应该对它做出具体化诠释，或者给出定义，或者改用其他词语表达，统一大家对某个词语的认识。与前面的"总之"相对，此时可使用"比如"、"具体来讲"等词语。

M：我想做的工作很多，可惜时间不够……

F：比如，你认为时间有多紧？

（2）基本动作① 明确论点

★技法1 确认论点

讨论中最常发生的问题是：偏离本来的论点和意见分歧。比如，政治家之间的辩论或电视辩论节目等就是典型代表，论点层出不穷，讨论无法进行。

从发言的过程来看，当讨论过程中有人提出"怎么回事"、"这是在说什么呢"等时，首先要从论点寻找问题。

M：我想做的工作很多，可惜时间不够……

F：你现在谈的问题是针对什么呢？

或者，当促动师察觉到某人的发言有误解论点的倾向时，应试着对论点进行确认。

M：我想做的工作很多，可惜时间不够……

F：我们正在讨论与参加革新项目成员相关的话题，你的发言是围绕这个主题吧？

仅仅通过确认论点，就能在很大程度上消灭含义不明的发言。人是一种习惯于倾听自己感兴趣的话题，按个人喜好发表言论的动物。即使预先设定论点，我们也会趋向于按自己的方式来改变论点。为了避免这种情况，当你感到疑惑不解时，首先请确认论点。

★技法2　修正论点

对论点进行确认后，下一步需要返回论点。讨论必须围绕一个论点进行，这是会议的"钢铁原则"。如果任由发言偏离论点而置之不理，就会不知不觉陷入意想不到的困境。

比如，当大家围绕"是否应该采取某项措施"这一论点展开讨论时，有的人会提出"从我个人的角度考虑，应该采取这样或那样的措施"等见解。本来，他应该表明自己对某项措施持赞成还是反对的态度，但他却避而不谈。就自己正在做的某项工作长篇大论地谈个没完，这种情形实在让人困惑。

这时，促动师应该像下面一样做工作。

1）再次确认论点

M：话虽如此，从我个人的角度考虑，应该采取这样或那样的措施，一定有效。

F：嗯……我们现在的主题是，是否应该采取措施，对吧？

图1-1　采用提问形式陈述论点

当大家意见分歧，发言始终偏离论点时，原因可能出在促动师身上。

例如，假设促动师提出一个问题"关于某项措施，你认为怎么样？"于是，发言者会理解成只要围绕某项措施阐述个人观点，不管什么意见都可以。结果当然会提出各种意见。

图 1-2　指出论点

为了让大家提出的意见能够切中要害，促动师应该向大家提示中心论点。对此，促动师采用"我们是否应该采取措施"，"为了使措施执行到位，我们应该怎么做"等表达，采用提问形式陈述论点很重要。而且，请务必写出论点，让所有的人都能看到。

写出论点，在指出论点的同时需要再次确认。

F：我们正在讨论的问题是这件事，对吗？

F：从这个观点出发，大家能想到什么？

2) 催促本人对应论点

重新确认论点后，接下来，促动师应使用"所以"或"因此"来提问，以促使发言者本人对应论点，得出结论。

F：也就是说，你的发言对应今天的这个主题吧？

F：因此，你的结论是？

F：所以，你认为应该怎么办？

3） 对应论点，促动师亲自确认

有时，促动师需要从自己的角度出发推测"所以怎么样"来回到论点。

F：所以，如果对应主题，你想表达……

F：也就是说，因为已经采取措施，所以这项措施不实行也可以，是吗？

有时，即便发言和论点间的连接有些牵强，促动师也需要试着找出它们，把发言带回论点。

F：也就是说，你不赞成这种方式，对吗？

F：总之，你的意思是不是即使采取这项措施，也无法取得预期的效果，对吗？

★鼓起打断发言的勇气

对于偏离论点的发言，不必一概排斥。有时，发言者在发言的过程中会回到论点，这是出于表达感情的需要，要求叙述一些题外话的缘故。

所以，对于偏离主题一次的情况，促动师可以不打断发言，听发言者说完。但是，如果多次出现，就不能坐视不管了。对于那些频频失误的人，促动师应该尽早指出他的问题。

M：说点题外话，本来我的想法是，采取这种或那种措施，以此提高效果……

F：等等，现在的议题是，是否采取措施，对吧？如果您下面会提到这个问题，可以继续。

当发言进行到一定程度时，发言人很难中途停下来，所以，当促动师觉得茫然不解时，一定要及时制止，这是一个窍门。比如，你可以瞅准发言者歇口气停顿的时机，大声打断（有时可借助肢体语言）他。

面对职务比自己高的上级时，这样做需要一些勇气，但是，保证论点正确是促动师的主要职责。身为促动师，你没有必要顾虑什么。因为从始至终你的职责就是"确认论点"，而不是撤回发言。

（3）基本动作②　归纳要点

★技法1　原样奉还

当对方的发言简短清晰，而且未偏离论点时，促动师没有必要特意选出要点，或者换一种方式表达。你只需原封不动地重申对方的发言即可，这是一种鹦鹉学舌的技巧。

M：我们科紧急事务多，不好区分优先顺序。
F：有道理，这个工作也不能区分优先顺序吗？

其中，似乎觉得改用自己的方式表达就能彰显自己作为一个促动师存在的意义一样，有的人总会换一种方式表达。这种习惯并不提倡。只要你试一下就明白其中的道理了。因为，这样一来，参会者会产生一种促动师"俯瞰下方"，逐字逐句纠正自己发言的印象。概括应控制在必要的最小限度。

★技法2　用句子进行归纳

其次，当发言时间长时，应删去多余部分，进入用简短的语言表达发言主旨的阶段。所谓概括，就是找出发言的重要部分。

在这里，很多人容易产生一种误解，认为简短地"选词"就是概括。下面让我们列举一个反面例子。

M：我们的人事评价制度是不合理的绝对平等。什么是努力，什么是偷懒，二者没有什么大的区别。

F：你是指人事评价制度（的问题）吗？

但是，如果只用"人事评价制度"一词概括，能体现M发言者的主旨或本意吗？表达本意时，需要借助"主语+谓语"的句子结构。

M：我们的人事评价制度是不合理的绝对平等。什么是努力，什么是偷懒，二者没有什么大的区别。

F：的确，人事评价制度是不合理的绝对平等。

请把概括设想为制作"干菇"的过程。新鲜香菇（=原生香菇）不经过加工当然不行，只有去除水分（=多余部分），才能制成干菇（=概括）。

但是，当我们把成品干菇泡在水中，如果干菇不能恢复原状就糟糕了。因此，只听概括，不追溯发言本来的主旨是不行的。

而且，理想的干菇是比新鲜香菇口感好、菇质紧实的香菇。与原始发言相比，概括的目标应该是简短且内容充实，能够快速表达本意。

善于概括，像制作干香菇……

最终能够保留发言的主旨！

图 1-3　能重新表达原始发言主旨的好的概括范例

★ **什么重要，什么不重要**

那么，怎样找出发言的重点内容呢？

判断内容重要与否的标准很明确，就是"符合现在的论点"，"符合这场讨论的目的"。无论演讲多么精彩，如果偏离论点，都不值得作为概括的对象。

论点不同时，选择的内容也随之改变。现举例如下，请阅读下面一段话，看看如何概括。

陀思妥耶夫斯基的《死屋手记》中有一段追溯本质的拷问，这就是"无意义的劳动"。譬如，把一桶水从一只桶倒入另一只桶，然后再从另一只桶倒回原先的桶……几天之后，从事这项工作的囚犯宁肯死掉，也不愿意忍受这种侮辱、羞耻和痛苦。（出处：内田树《因过度疲

愈而无法入眠的夜》 角川书店)

如果老老实实地对这段话进行概括，那么，"人类无法忍受无意义的劳动"之类的表述是否恰当呢？

当大家聚集在一起进行概括练习时，其中，有人试图把陀思妥耶夫斯基也纳入概括内容。虽然有人取笑他，认为"陀思妥耶夫斯基只是细枝末节，你弄错了！"但是，陀思妥耶夫斯基真的不算重要内容吗？

答案是未必。假设这段话的论点是"我读了一本某人的著作"，那么，发言的本意就是"我曾经读过陀思妥耶夫斯基的《死屋手记》"，而陀思妥耶夫斯基就恰恰是这段话的关键词。这样一来，这段话中说明该书内容的后半部分则成了细枝末节。

★技法3　按照论点进行概括

像这样，即使我们只关注发言或句子本身，应该提炼的部分——关键词或关键语句，也未必能够完成概括。

请牢记这个原则。为了准确地概括发言，促动师应让自己的意识始终集中在"现在的论点是什么"上，这非常重要。

重新总结一遍，在发言过程中：

①选择回答论点的部分
②找出回答论点的必备词语

这是概括的基本原则。

令人遗憾的是，大多数人习惯于针对多个论点发表观点。在这种情况下，促动师应锁定与现在论点相关的内容进行概括，余下的内容请发言者放在稍后发表。

图 1-4　概括并描述发言

但是，对于讨论进行中提出的新论点，不能一概而论，而应根据发言的方向具体情况具体对待。

M：现在的人事评价制度，努力也好，偷懒也好，没有什么大的区别。如果不把责任落实到位，大家就没有工作热情。

F：如果从组织结构的立场来讲，人事评价制度的现状确实是不合理的绝对平等。

★巧妙运用概括的技巧

抓住上面的基本原则，让我们进一步深入探讨概括的技巧。你只要遵循下面几个步骤进行，虽然不能保证一定会提高你的概括能力，但至少能起到引导作用。

1) 大胆删除

促动师所做的概括必须限定字数和时间，这与用句子归纳段落大意有所不同。因此，首先必须注意"删除"问题。

请在充分认识论点的基础上，毫不犹豫地删掉下面的因素。

① **与现在的论点不相关的内容**

即使发言者提到的事情很重要，只要和论点无关，就删掉。

② **背景说明和前言**

背景说明或前言作为导言是必要的，但对于不直接回答论点的部分应删除。

③ **举例、具体数值和比喻**

"近来，新入职的员工动不动就提出辞职。比如，我们科……""编组结构比较简单，应该继续。就像'龟兔赛跑'中乌龟的角色一样……"在这类发言中，后半部分完全可以不提。此外，"某某和某某等"中的"某某"都可以删去。

④ **改换表达方式**

当你使用不同词语对同一件事进行描述时，只需留一个简单易懂的部分就足够了。一般来讲，特别像出现"也就是说"、"即"、"换句话说"等连词的部分，前句或后句留一个即可。

⑤ **修饰语**

即使将用于调整语调或鼓舞情绪等的修饰语删去，也不会改变原意。例如"真的"、"特别"、"非常"、"绝对"、"本质上"、"归根结底"等等，你可以试着删去这些词。

⑥ **众所周知的部分**

陈旧的信息可以删去。比如"某个观点前面已经提过"或"不用说……"等没有必要。反之，应该留下新内容。

2) **保留主语和谓语**

进行删除的同时，另一方面，要保留回答论点的信息部分。保留的重点不是只留下独立的单词，而是保留主语和谓语（或主语和谓语、名词和动词）。请试着回忆技法2。

论点：你对新近入职的员工怎么看？

嗯，今年新入职的员工有多少人呢？好像是25名。我还没有和这些人接触过。当然，因为还没来得及观察他们各自的工作现状，所以，暂时不能断言什么，但是…… —— 前言

据说近3～4年以来，新入职的员工或者很快出现心理问题，或者动辄辞职，或者在礼节方面不太注意……批评的观点不少，出版物中也有所提及。但是，我认为他们似乎并不像舆论批评的那样经不起风浪。年长一代的人似乎动辄喜欢对年轻人评头论足。

（没有回答论点 / 回答论点的部分，但是修饰语不必保留。）

比如，我们隔壁科室新入职的小H，他在素来严厉的K部长手下经常遭到劈头盖脸的训斥，有时还会面对一些不合理的要求，但是，他总能默默倾听，直到最后如期完成工作。我看不出他哪里软弱。当然，只列举小H一个人，就急于下结论可能并不恰当。 —— 举例

我觉得他们的知识量很惊人。不仅对产品相关知识，还有营销，他们的求知欲也很强烈。此外，他们的待人接物也比较得体。如果说"只要会应酬，不学习也没关系"，与逃避学习的我们这一代人相比，他们反而更强势，不是吗？ —— "他们并不弱势"的替换表达。

我们不去反省自己的时代怎么样，却一再指责新近员工精神如何薄弱，我认为这不好。 —— 观点看似重要，但和现在的论点没有关系。

▼ 删除后……

你认为他们并不弱势，对吗？

图1-5 概括范例1

3）补充

在上文的概括中，似乎有点删减过度之嫌。请在只保留主体结构的概括中，试着增加一些内容。

①主语和目标语不足

发言者有时会省略之前讨论过程的来龙去脉，或在发言中自认为理所当然的主语和目标语。因此，请促动师根据前后文的衔接和段落进行

推测，补充主语和目标语。

②发言者认为重要的词汇和短语

在发言过程中，选择反复多次出现的词汇和短语比较好。富有感染力的词汇也具有同样效果。

③用准确的词语替换

有时，用其他词汇置换发言的中心词，会使发言者想表达的本意更明确。请试试看。

但是，请最大限度地运用发言者的惯用表达。如果促动师擅自用自己的词语替换表达，不仅会偏离发言者的本意，还会导致发言者对发言的积极性降低。

4) 理解、体现整体结构

当发言时间较长时，一般情况下，可以把发言分成若干段落。例如，假设我们把发言分成"论据"和"论点"两段，只要针对各段进行概括就能推测大意，只要找出发言的结构，就能对概括的要点作出判断。对于掌握这个结构的要点，将在第2章中阐述。

此外，连接各段的概括语句时，连词的作用很大。即使发言者没有使用连词，只要及时补充，就能明确想表达的观点。

M：6月份以后，我们营业所的销售额在年目标20%上下徘徊不前，可以说业绩停滞是目前的现状。尽管各销售负责人的业务时间与4~5月相比有所延长，但科长的指示贯彻不到位，政策朝令夕改，而且指示本身也没有一次成功的。

F：我们营业所的业绩停滞不前，原因在于科长下达的指示有问题，是吗？

5) 不要受促动师观点的影响

你是否在不知不觉中受到促动师观点的影响，请在发言结束前检查一遍。对你而言，正在讨论的论点才是中心，如果掺杂了"应该这样"、"如果不这样，就不合情理"等成见，就容易出现上述情况，请务必注意。

论点：你对近来新入职的员工怎么看？

嗯，今年新入职的员工有多少人呢？好像是25名。我还没有和这些人接触过。当然，因为还没来得及观察他们各自的工作现状，所以，暂时不能断言什么，但是……

据说近3～4年以来，新入职的员工或者很快出现心理问题，或者动辄辞职，或者在礼节方面不太注意……批评的观点不少，出版物中也有所提及。但是，我认为他们似乎并不像舆论批评的那样经不起风浪。年长一代的人似乎动辄喜欢对年轻人评头论足。

比如，我们隔壁科室新入职的小H，他在素来严厉的K部长手下经常遭到劈头盖脸的训斥，有时还会面对一些不合理的要求，但是，他总能默默倾听，直到最后如期完成工作。我看不出他哪里软弱。当然，只列举小H一个人，就急于下结论可能并不恰当。

我觉得他们的知识量很惊人。不仅对产品相关知识，还有营销，他们的求知欲也很强烈。此外，他们的待人接物也比较得体。如果说"只要会应酬，不学习也没关系"，与逃避学习的我们这一代人相比，他们反而更强势，不是吗？我们不去反省自己的时代怎么样，却一再指责新近员工精神如何薄弱，我认为这不好。

> 反复强调。在概括中表述"不像我们和舆论给出的评价"这层意思。

> 不要用"并不弱势"来表达。
> 可以认为"求知欲强烈"是一个新论点。而且，从语境分析似乎感情稍强。请补充。
> 此外，"知识量"和"求知"可以合并，并用"努力学习"来表达即可。

> "他们"改用"新近入职员工"；"弱势"改用"精神弱势"或许更准确，请替换。

▼ 稍加补充……

你的观点是新近的入职员工并不像我们和舆论评价的那样精神薄弱，而且学习还很努力，是吗？

图1-6　概括范例2

（4）基本动作③　改用简单易懂的表达方式

★技法1　不要忽略模糊不清的词汇

例如，当有人这样发言时，你怎么处理？原封不动引用对方的原话进行反问，好吗？

M：今年我们应该把强化营销能力当成重点项目来抓。
F：有道理。强化营销能力，是吗？

不，这种方式绝对不行。如果你对"强化营销能力"这种模糊不清的词汇置之不理，这个词具体指什么，大家的认识就会发生分歧。有的人可能认为这个词是指"增加人手"，有的人可能认为是"多打电话"的意思。

像这样，当发言中出现模糊不清的词汇时，促动师应该提出"比如"、"具体指什么"等问题，使对方的表达具体化，以明确发言的真正含义。

M：今年我们应该把强化营销能力当成重点项目来抓。
F：比如，强化营销能力具体指什么？

★模糊不清的词汇竟然如此众多

为了明确发言的真正含义，首先需要对这些模糊不清的词汇保持敏感，养成敏锐观察"这个词不能忽视"的习惯。下面介绍一些模糊不清的词汇的典型代表。

① **陈词滥调式表达**

沟通不到位，部门间隔阂较深，方针未贯彻落实，没有策略，人才培养不利，领导能力未发挥等。

② **给力的流行语（关键词）**

竞争优势源泉、差别化因素、结构改革、空洞化、绩效目标等。

③ **从个别到一般的表述**

常言，多数人的观点，常见，同类例子很多，年轻群体，经营层，某某部门的人等等。

④ **数量词汇**

多与少、大与小等。

⑤ **情绪化表达**

拿出干劲儿来、冲劲儿不足、需诚心诚意等。

⑥ **顺手拈来的动词（官腔词汇）**

推动、强化、灵活应用、贯彻、妥善处理、检讨等。

请试着在日常会议讨论中观察这类词汇。你一定会意外地发现它们出现的频率如此之高。

当发现模糊不清的词汇时，促动师应及时提出疑问，使发言者的表达具体化。

F：强化营销能力，具体指的是什么？

F：所谓强化营销能力，是指增加服务人员吗？

F：强化营销能力的表达，是不是不太明确？

但是，促动师没有必要让所有模糊不清的词汇都具体化。当你绞尽脑汁地思考怎样使某个词汇具体化时，讨论就会停滞不前，反而形成绊脚石。凡事过犹不及，做得太过，难免有故意挑剔别人缺点之嫌。有时，掌握分寸很有必要。自始至终，请不要忘记一点：让讨论在没有误解的前提下顺利进行。

★技法2　明确词汇的含义

对发言整体大致浏览一遍后，你就会发现，即使没有模糊不清的词汇，也有一些你觉得不太恰当的部分。这些部分不是描述客观实物，而是一些概念性词语。

比如，开会地点、宣传册、成员、销售额……这些词语不会因为听众不同，含义发生太大变化。与每个人的解释无关，它们本身的含义、指代的对象是约定俗成的。

但是，像梦幻、专业意识、全公司讨论、品德、硬件及软件等词语，会根据发言者的背景和经验不同，含义和对象范围发生诸如"特指某种事物"的变化。

如果促动师不对这类词语的含义和范围及时进行调整，任由讨论继续，就可能出现参会者对于相互之间讨论议题的理解产生分歧的情况。当跨功能小组之间（OFT：Cross-Functional Team），不同部门的人聚在一起，或因企业合并，从属于不同公司的员工聚集在一起时，需要引起特别注意。

笔者曾经和一位客户针对某项服务的"新概念"展开探讨。但是，在讨论过程中发现两个人各说各的，令人茫然不解。于是询问对方，"您谈到的新概念具体指的是什么？"得到的答复是"广告牌上的标语"，而笔者的想法是"为某种消费对象提供便利的服务"，所以，两人的谈话不一致就不足为奇了。

当杂志或背景说明中出现这类词汇时，我们可以不加以理睬，但碰到与论点相关的重要建议，或论点中出现的概念性词语时，大家一定要停下来，对"某个词语的含义是什么"做出明确的定义。

F：具体来讲，新概念指的是什么呢？

F：现在你提到了"专业意识"一词，这是什么意思呢？

F：你能不能对这里的"硬件"与"软件"进行定义？

有时，即使不是概念性词语，也需要对词语的定义进行确认。

比如"利润"这个词，不同人的理解可能有"销售利润"、"普通收益"、"扣缴所得税后的净收益"等。该词在现在这场讨论中的具体含义是什么，需要在所有人中统一定义。

或者，当你所在的企业和某团体联合举办活动时，比如"协助承办"、"赞助"、"支持"、"协助"等词，能够正确理解这些词语之间差别的人并不多。因此，促动师有必要在所有人中统一认知。

F：现在的利益是指哪一方的利益？是销售利润，还是普通收益？

F："协助承办"和"赞助"的区别是什么？

★技法3　改换表达方式，统一认知

并不是所有模糊不清的词汇都能够被恰当地具体化和定义化。有的词，对方可能很难告诉你它的具体意思。

M：下次活动，希望大家能轻松参与。

F：轻松参与具体指什么？是放松吗？请下个定义。

M：下定义是吗……

这种情况的解决方案之一是改用比喻、示例、形象、数据等传达意象的方式来表达。

M：下次活动，希望大家能轻松参与。

F：轻松，是指大众酒吧那类娱乐场所吗？

M：对，是的！

在这种情况下，把某个词语具体化不是目的，统一认知才是目的。虽然模糊不清的状态持续存在，但使现场参与者的认知达到统一才是意义所在。

下面列举几种方法。

F：轻松，是指大众酒吧那类娱乐场所吗？（比喻）

F：轻松，是像前年筹办的活动那样吗？（示例）

F：轻松，是指四周被绿色的森林包围那样吗？（形象）

F：我上大学时，记得当地商业街的大人们与孩子们聚在一起筹办大学庆典活动，轻松，是那种氛围吗？（故事）

★不明白时询问对方

那么，如果按照这种方法，运用技巧也概括不出来时，你只能询问对方了。请索性把皮球踢给本人，"抱歉，我不知道怎么进行概括，请告诉我好吗？"

这时，主要使用开放性问题。采用让对方自由回答的形式，具体为"5W1H 提问法"。

F：总而言之，你想表达什么呢？

F：那么，要点在哪儿？

F：抱歉，请问怎么理解你的发言？

F：你能简单归纳一下吗？

F：一句话，是什么？

F：举个例子，是什么？

但是，在这种场合下，促动师需要保持谦虚求教之心。当你向对方传递"我没有理解您发言的要点"的意思时，容易招致抵触情绪，使对方产生"够了"这种拒绝发言的想法。

★ **最后一招，强制揭示本意**

即便如此，有时仍然不得要领。这种情况下就无计可施了。最后一招是：促动师推测发言者真正想表达的意思，向他提出"……是指什么吗"的问题，以揭示本意。

此时使用封闭性问题，采用是或否来回答的选择问句，直击这里的解释，向对方进行确认。

F：等一下，您想说的是……吗？
F：我这样理解对吗？
F：比如，是指……吗？
F：那么，如果用A或B表达的话，是A吗？
F：如果我的理解不正确请见谅，可能你想表达的是……

在这项操作中，促动师必须从发言中认真揣摩发言者的本意。只能说这个工作是促动师想当然的解释和相距一步之遥的揣测。如果理解有误，就会导致双方关系的对立。

但是，请你在对这些问题做好充分心理准备的基础上，鼓足勇气尝试。

此外，贯穿始终的原则是勤于思考"这个人其实想表达什么"，决不能抱有"怎样按我的方式理解这个人的发言"这样的想法。

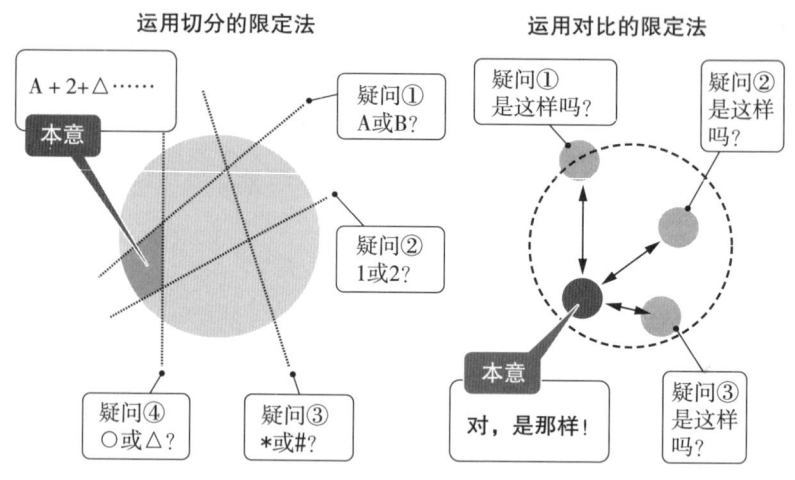

图 1-7 运用切分的限定法和运用对比的限定法

3 确认一下你的概括能力

（1）确认理解能力的练习

★实战练习：一场分析新商品营销战略的会议

一场关于分析新商品营销战略的会议正在进行，会议进展出人意料。促动师应该选择什么时机，怎样对会议施加影响呢？让我们试着思考（A、B、C：参会讨论成员，F：促动师）。

A：当然，我们必须设法提高商品的知名度……为了实现这个目的，除了"出其不意"地打出巨幅宣传广告外没有其他办法。现在各处都在忙着筹集广告费，机会难得。

B：你的提议不错，但和借助媒体造势相比，通过舆论媒介踏踏实实地拓展销售途径可能收效更快。现在是网络时代嘛，网络！

C：如果可能，我认为还是采取符合现在经济萧条时代的方式比较好。消费市场需求低迷，应该设法加以刺激。而且，这次我们又打着新商品系列先锋的旗号，如果不采取切实有效的方法，恐怕……

B：这么说也对，据销售部新近接到的报告说，我店九州地区的竞争对手已经着手在店前筹备展销活动，不知道大家看到这则消息没有？

A：哦，那份报告是吗？我也读了。嗯，虽然我认为影响不大，但老实说，还是有点被对手"抢先一步"的感觉。家家都有一本难念的经，想必对方也正在进行种种尝试，情况一定是这样的。

C：店前展销活动的影响有限，深入人心需要一定时间，但如果进展顺利，还是有一定效果的。直接和消费者面对面交流互动，不管怎么说都具有一定的吸引力。但是，一般情况下，大型零售店每周都会举办一些类似活动，即使我们照猫画虎，也未必见效……

图1-8 内容模糊不清的会议

A：听了这么久，似乎所有的提议都没有太多创新……大家有没有让人感觉能眼前一亮的点子呢？

B：那么，这么讲怎么样，我们召集年轻员工展开一场集体讨论。年轻人正好是目标商品对象，是不是最好听听他们的意见？

A：哦……这个提议似乎不错。那么，我们和人事科交涉一下，尽快召集新入职的员工吧，我想他们一定有一些新奇的点子。不愧是小

B，脑子快。

C：不错，我也没有意见！那就这样，小B，谢谢你。

★解析：发言模糊不清，充其量只算聊天

令人遗憾，这场会议充其量只是聊天（谈话），无法称之为逻辑讨论。讨论意见分歧较大，只要仔细观察就会发现：从提出意见开始，到思考怎样提议为止，论点转移，落在与最初目的不同的结论上。

而且相互之间处处较劲，登场人物自说自话，以自己为中心侃侃而谈。

1）A氏

用词过于抽象、感性。其中，"打出巨幅宣传广告"是指借助什么媒体，广告投放量是多少，"让人眼前一亮"这样的感性用词旨在传达什么意思呢？促动师至少需要对以下两点进行检查。

F："出其不意"地打广告，是指向某媒体投入几亿日元的意思吗？

F：就是抓住让人觉得"哇"这样眼前一亮的感觉是吗？明白了。不过，你能具体说明一下吗？

2）B氏

首先要注意"竞争对手在九州地区筹备店前展销活动"这句话。

请暂时把这句话的论点当成"怎样促进新商品营销"，如果这样设定论点，那么，"竞争对手筹备店前营销活动"就没有回答这个论点。小B希望通过这句话想传达什么意思呢？是想开展同样的活动，还是对这种做法表示反对？两种解释均成立。如果促动师不在这个环节上进行确认，后面的话题就会发生变化。

F：那么，听你这么说，你考虑的是什么呢？
　　F：小B你的观点是效仿竞争对手的做法，还是不效仿呢？

　　比这个问题更严重的是小B的论点在发言中发生了变化。论点不再是提议本身，而转向思考怎样提议，这个问题的诱因恰恰来自小B。在这段讨论中，这句话是关键。作为促动师，应该提醒正在积极参与讨论的小A和小B两人，促使他们对自己的发言进行检查，回到论点。

　　F：小A提出的能让人眼前一亮的感觉，针对的是提议本身，而不是怎样提议，是吗？
　　F：召集年轻员工展开集体讨论的提议不错，但是否意味着放弃原先的观点呢？
　　F：嗯，召集年轻人，它是结论吗？那么，原先的论点，推动新商品营销战略怎么办？

3）C氏

　　小C进行了很多宝贵的补充说明，但他的论点在哪儿呢？他对小A和小B的意见既不表示赞成，也不表示反对，更没有提出具体意见。自始至终，他似乎站在一个评论家的立场上。在这个问题上，即使有些为难，促动师也需要追问他的真正意思。

　　F：总之，小C你认为应该怎么办呢？
　　F：莫非小C对促销的兴趣不大，是吗？

　　像这样，当对方闪烁其词，不肯表明本意时，有时促动师需要采取非常手段，用诡辩甚至曲解的方式直击对方。这不是引出对方本意的引导战术，而是迫使对方面对问题，以增强其反驳力的一种压迫战术。具体阐述将放在后文进行，但请记住还有这种方法。

（2）提高概括能力的训练

只有多经历实战练习的环境，才能提高概括能力。即便如此，可能一到现场就打怵发憷的人还是不少。对此，本书各章均配有相应的训练方法。

图1-9 练习的情景

这些练习请尽量放在多人场合中进行，因为一个人训练时，不好理解从什么地方入手，怎样进行修改更好，而且很难有机会打破自己的思维定势。此外，如果一个人老老实实地实践这类练习，会逐渐失去动力，请和大家一起轻松实践。

★概括段落大意

听取他人的观点，当场进行概括，只有通过阅读文章，才能磨炼概括能力。首先，请从概括文章的大意开始。

①选择书本中的一段话。
②阅读一段内容后进行概括，字数限制在30~40字以内。
③相互交换概括内容，思考谁的概括更好。
④然后，与自己的概括进行比较，思考怎样删改自己的概括。

★锻炼倾听能力

正确理解对方的话是构成概括的基础。在会议现场倾听对方的意见，直到具备"你想表达……吗"这样准确再现的能力。

①选择一个听众，一个发言者，其他人作为练习者倾听发言。
②首先，练习者按"不善于概括"的顺序入座。
③听众向发言人提问，发言者回答（对话时间设为50秒左右）。

发言者可以提前准备几个能够在50秒内回答的问题（例如：当我小的时候，认为不可思议的事情是什么），发言者很容易在发言的最后阶段用归纳词进行总结，应尽量避免。

④发言暂告一段落时，练习者要迅速在便笺上写出概括内容。1分钟即可。
⑤接下来，练习者对认为"概括能力较差"的发言者进行排序，按顺序用"的确……是指……"的形式概括。
⑥当某人所做的概括较好时，其他人用欢呼声给予鼓励。听到较好的概括时，发言可以暂停，大家应围绕什么地方好，展开简短的讨论。此外，如果发言者觉得概括偏离主旨时，应直截了当地提出"不，我想说的不是这个……"这是练习的要点。
⑦轮到最后一个人时，大家公认概括能力强的人要坐在排序入座最

后一位的后面，重新回到第3步。

★ 找出模糊不清的词汇

我们常常会有意无意地忽略一些需要具体表述的模糊不清的词语，这仅仅是因为平时不努力培养自我搜集信息的缘故所致。只要主动认识到这个问题，就能迅速发现问题。本练习就是锻炼人们发现能力的练习。

①选择书本或新闻的一小段内容。练习方法是听一遍后马上复述。因此不用发给参加者复印件。

②指定一个人朗读这段话，读完一段后停下来。

③练习者选出认为"某部分模糊不清，不能忽略"的词语或句子，立刻提出问题"的确，所谓某某，具体指什么？""比如，某某指什么？"

注意"前后不一致"的问题。本练习不是"真的能用某某表达吗"这种提出反驳要点的练习，而是"用词不详，需要具体表达"的选词练习。请在练习过程中确认这一点的同时继续进行。

★ 增加词汇量

如果词汇量（Vocabulary）较少时，会无法进行恰当的概括。

词汇量丰富时，促动师可以改变各种方式和方法向对方提问，还能运用技巧，促使发言者选择最恰当的用词。对于心有所想却表达不出来的人，词汇量丰富的人可以帮他解围，"你想说的是……吗？"

即使这样，词汇量不可能突然增加。如果非建议不可，只能采取一些常规方法，比如：阅读更多书籍，积累各种经验，提高自身素养等。

　　在此基础上，有效利用同义词辞典也是方法之一。近来，网络在线的同义词辞典有所增加，无论什么人都能轻松使用。

　　撰写报告和宣传资料等文章时当然不用说，时间充裕的话，建议大家不妨多搜索一些自己常用的词，看看能用哪些词来代替。

专栏1　制止未经慎重考虑的发言

　　逻辑讨论最大的敌人莫过于"未经慎重考虑"的发言。

　　人是一种习惯于倾听自己感兴趣的事，谈论自己喜欢的内容的动物。与论点和讨论的进展无关，一时兴起，想到什么，就容易像条件反射一样脱口而出。那些喜欢摆出一副不懂装懂模样的人，或大谈经验的人就是典型，这是一种从内心深处渴望他人认同自己的外在表现。而且，随着年龄增长，这种倾向会更加强烈，说起话来喋喋不休。

　　其中，有些善意的人会站出来，"你现在谈的内容似乎不沾边……"、"你的话题好像变了……"、"你是在评论吧……"及时终止这类未经慎重考虑的发言。发言者并不是没有准备结论，但听众不明白他打算说什么。如果容忍这种率性发言继续下去，讨论就会变成纯粹的聊天，一步步脱离主题。

　　如果全体参会者置身于这种境地，促动师也无力挽回。只能从制定会议基本原则（Ground Rule）的环节开始。比如，下面3条规则是笔者在亲身经历的一场糟糕的讨论中用过的例子。虽然这种处理方式不能杜绝未经慎重考虑的发言，但至少能令对方感到尴尬。

　　①你想说什么呢？请考虑一下现在的发言是否恰当后再继续，好吗？

概括

②请得到许可后再发言。

③一开始就得出结论，那么你能说得具体一点吗？

要点在于怎样让大家接受这个规则。笔者在与团队成员进一步加深关系的基础上，轻松地提议："可能大家不相信有这种事，那么，我们像做游戏一样尝试一次怎么样？"最后，也请大家试着思考自己独有的"鼓舌之技"。

4 现场实战之概括技巧

（1）概括内容过长变成危险信号

★使用犀利的语言

按前一节的概括训练法进行练习时，有些人因为过分注重怎样正确地归纳本意，结果所做的概括比发言者的发言还长。这样的话，将不能称之为概括。

M：如果从小学低年级开始学习英语，现在，日本人英语水平低的问题应该能够解决。

F：如果趁小学低年级学生头脑灵活时接触英语，进行会话和学习，现在，日本人英语水平低，让人发笑，经常被戏称为"即使考试成绩好，也张不开口"，这样的问题就能得到解决。

这种情况分为两种：不擅长概括和有意而为。

如果概括能力不足的话，除了老老实实地训练之外别无他法。大多数情况下，因为用一句话无法清晰地表达，我们会倾向于用一些近义词来补充和重复。请尽量主动删去这些赘词，然后再概括。

或者，可以通过进一步增加词汇量，选择恰当的词语表达自己的论点。结构紧凑，精辟犀利的概括是我们的目标。

M：如果从小学低年级开始学习英语，现在，日本人英语水平低的问题应该能够解决。

F：如果从低年级开始学习英语，日本人的英语能力就能提升，是吗？

★不要掩盖事实，也不要添油加醋

另一方面，所谓有意为之，从表面看像概括发言后返回原点，实际上是把自己想表达的观点巧妙地加入其中，而发言者的关键词往往被挤到犄角旮旯。

M：如果从小学低年级开始学习英语，现在，日本人英语水平低的问题应该能够解决。

F：有道理。而且，向日本老师学习英语也是不得已的。如果从小接触母语式英语教学，锻炼听力，那么，对外国人的抵触心理也会有所改善，日本人的英语水平也会得到提升。所以，有必要进一步改善母语外教的现有待遇。

这种概括方式成了一种巧妙的诱导，是促动师借助大家发言的同时，开启了一扇陈述自己观点的策略之门，但这种局面必须避免。

忠实地概括发言者的发言，这才是促动师。促动师不用宣誓，但要牢记这一点："不要掩盖事实，也不要添油加醋。"

特别当自己的发言时间延长时就可能越界,促动师请务必经常提醒自己。

(2)背景不明则含义不明

★ "前提"不同,含义则改变

促动师自认为所做的概括不错,然而,发言者却一副不以为然的样子……这种情况有时是因为前提偏离所致。

本章开篇曾谈到日本前首相池田勇人的一次口误。池田氏还有一次著名的口误,那就是"中小企业的5个人或10个人自杀是不可避免的"这句话。这也是一个概括失误的例子,其原话如下。

在不遵循正常经济规律行事的企业中,企业会破产,破产后因想不开而试图自杀的情况固然悲惨,但坦率地讲,这也是没有办法的事情。

(众议院会议记录 第015次国会 本会议第7号)

总之,"中小企业的5个人或10个人自杀是不可避免的"这句话是在省略"不遵循正常经济规律行事"这一前提的情况下进行的概括,属于常见失误之一。

★ "上下文关系"不同,意义则改变

此外,列举一个最近"口误"的例子,这是日本前厚生劳动大臣柳泽伯夫关于"女人是生育机器"的发言,其原话如下。

虽然用生育机器来形容女性欠妥,其数量是固定的,机器的数量……我对称她们为机器感到抱歉。但是，正因为数量固定，接下来……很抱歉用机器来形容，对于承担生育职责的女性，我们能够要求她们的就是，请每个人都尽最大的努力。

摘自 2007 年 2 月 9 日《读卖新闻》

这句"女人是生育机器"的概括明确地提到"机器"一词，但是，这句话与柳泽氏真正想表达的意思是有差别的。柳泽氏的本意是"由于生育孩子的'母亲的人数'是固定的，所以，只能要求每个人尽量多生育。"

而这个概括句忽略上下文关系，只把关注点放在苛责柳泽氏因词汇量不丰富导致的发言不慎上。

★掌握对方的背景

根据说明的前提和上下文关系，发言的意义会发生变化。如果在不考虑这些因素的基础上进行概括，就会像这个例子一样无意间曲解含义。

对此，如果用分子分母关系进行分析，就容易理解了。发言（信息）的内容是分子，也被称为目录。对目录进行说明的内容是背景，即前提和上下文关系是分母，也被称为上下文。分母除以分子，得出的结果是发言的含义（Meaning）。

进行概括时重要的问题是：正确捕捉含义。为此，只倾听发言的内容还不够，掌握对方所处的背景也很重要，具体如下。

①在什么样的前提条件下发言。
②在什么样的上下文关系和过程中发言。
③从什么立场和角色发言。
④从什么样的世界观（文化、规范等）的角度发言。

如果无论怎样努力，所做的概括均不恰当时，可以试着询问对方的背景。

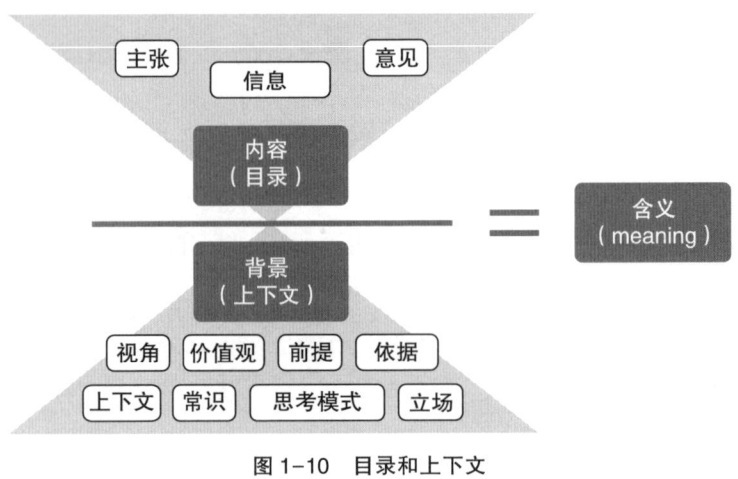

图 1-10　目录和上下文

（3）提高"听力"

★提高理解能力和共鸣

对希望进一步提高概括能力的人来说，建议您提高自己的听力。但是，这里所说的"听"不是"打听"、"听力"，而是"倾听"（Listening）。即向对方表示关心、充分理解其本意、主动倾听对方发言的态度，也被称为积极倾听（Active Listening）。

应正确把握说话人的意见这一点从逻辑角度而言毋庸置疑，另一方面，通过发言向众人倾诉的心情、情感面也很重要。改变说话方式，在理解对方论点的同时，产生情绪共鸣。实现鱼和熊掌兼得，这就是促动师。

到此为止，本章一直以前者为中心进行阐述，下面将兼顾后者一并介绍。

★ 来一点过激表演

首先，从抱着倾听的态度做起，专注地倾听对方的发言，让对方感受到你正在认真听取他的意见。如果不这样，即使促动师能够充分理解发言者的本意，进行很好的概括，对方的积极性也可能会降低。大家一起讨论的最初目的就落空了。

应该注视对方，身体面向他，摆出一副倾听的姿态（双手抱腕、向后靠的傲慢举止最让人反感）。在此基础上，再适当与对方视线接触，对发言的内容赞许地轻轻点头。

用"的确"、"嗯"、"哎"、"我也觉得"等词积极且富有诚意地随声附和，表示理解非常重要。从共鸣入手是倾听的不二法则，绝不能冷不丁地冒出一句"这个论点不太对"。

这时，为了向对方充分表明自己的态度，你不妨偶尔来一点过激表演，这也是诀窍所在。这样一来，不但有助于表明自己正在认真倾听对方的发言，后面对方因"发难"产生的抵触感也会降低不少。

★ 从非语言信息到揣摩意图

在倾听时，对词汇无法表达的印象也应尽力揣摩。发言的本意也一样，有逻辑构成和感性内容之分，只有将二者有机地结合起来，才能构成真正的本意。

例如，促动师在会议中征求大家对某项决策持赞成还是反对意见时，有人回答"是，我认为大体可行"。你能肯定他是在表示赞成吗？

这个人的发言是面带微笑地说的，还是意味良深地说的，表情不同，"大体"的含义会截然不同。意味良深地说话的人也许想表达"我不赞成这项提议，随你们怎么决定，但我不会去做"。

假设有人在发言中提出"为什么这个月次品数量这么多",根据发言者的语气和表情是苛责,还是单纯地提问,其含义均会发生变化。

进行概括时,促动师不仅要对词汇(语言信息),还要对视线、说话方式等非语言信息(言外之意)进行仔细地揣摩。

特别是把精力集中在视线和态度上,这些动作一定能发出很多词汇不能表达的信息。在此基础上,促动师应揣摩对方的说话方式和词尾的微妙语调等因素中所包含的"隐语"。通过最大限度地发挥眼睛和耳朵的作用,解读发言者的言外之意。

特别提醒大家注意语言信息和非语言信息不一致时的双重信息的场合。大多数情况下,后者才表露出发言者的真实想法。这时,促动师可以试探性地追问一句"你想说的是……吗",并观察对方的反应。

★他的本意是什么

为了真正了解对方想说什么,除了语言,仔细观察对方的表情、姿势等的观察力也非常重要。锻炼这种观察能力的练习是"goldfish bowl(金鱼缸)"。该练习在同系列书目《向会议要效益4:用会议激活团队》中也提到了,作为促动师基础训练之一,在这里再强调一遍。

①分设两个小组,一组面朝内,另一组面朝外,排成一个同心圆的阵形。

②内侧同心圆小组以某主题为中心展开讨论,外侧圆的小组观察其讨论进展状况。时间以10~20分钟为限。主题如"你怎么看待车内化妆",相互之间的价值观可以抵触,成员间的争论应该很有趣。

③观察要点是每个人与讨论现场的关系、心声、讨论小组的气氛、力量关系等。要特别体会这些因素的变化。

④讨论结束后,观察小组将观察的感受,反馈给讨论小组。

⑤讨论小组和观察小组互换角色，重复同一过程。

★不要压制对方的发言

促动师在努力倾听对方的发言时，还要注意概括的时机。

有性急的促动师，一旦碰到冗长拖沓的发言，就会打断发言者，用"有道理，是指……"这样的方式进行概括。

的确，当发言冗长拖沓、发言者没有句号停顿时，促动师只能采用上述方式打断对方。但是，对进行一般性发言的人，如果促动师每次都试图不礼貌地打断，就会使对方感到不舒服。似乎连发言就要结束那短暂的3秒钟都等不及一样，这会使成员产生"哎，请你让我把话说完啊"的不愉快想法。

促动师这样做并不是出于恶意，大多数人只是出于一种习惯。但恰恰因为是习惯，自己才很难注意到。你是否在压制对方发言的情况下进行概括呢？建议你经常主动对自己进行检查。

（4）怎样对付这种"捣乱分子"

★有意岔开话题的人

笔者认为最令促动师感到困惑的是那些不愿明确表达自己观点的人。前文专栏中提到的那种"未经慎重考虑的发言"就是典型代表。这类人还算过得去，性质恶劣的是一些故意而为的人。

比如，有的人为了明哲保身，不明确表示赞成或反对。他们的发言像"我觉得对这个提议，应该看到A方面，但也需要对B方面有所认识"这样模糊不清，令人不明其意。

当支持赞成的呼声高时，这种回答无异于表明"我也说过应该看到A方面"；当支持反对的呼声高时，他们又借以巧妙地掩饰自己"所以，我不是指出B方面有问题吗"。

对于这类居心不良的人，应该怎么办好呢？其实，刚才的说明中隐藏着暗示。也就是说，促动师只要指出他们的真正用意即可。

M：关于这个提议，正如大家提到的那样具有A方面的优点。但还需要注意B方面问题的存在。

F：有道理。不管怎样，你对这个提议持赞成态度，是吗？

M：不，我没有那么说。我只是想说B方面有一些悬而未决的问题。

F：那么，你对这个提议是反对了？

M：所以，我不是那个意思。因为对于A方面的优点，大家持赞成态度。

F：什么！因为两头都不想得罪，所以，你既不想表示赞成，也不想表示反对，是吗？哈哈，我明白了。

到这一步，虽然直截了当地断言会令对方有点下不来台，但毫不客气地指出对方的真实想法是对付这类"捣乱分子"的特效药。其实，这是学者田原总一朗（日本著名学者、时政评论家）对待闪烁其词的政治家时常用的一种手段。对此，请充分观察对方，仔细揣摩其言外之意。

★ 肆意解释并压制发言的人

与上面的情况相反，有的人会滔滔不绝地陈述自己的意见。

这种人经常连他人意见的一半都没有听完，就抢过话题，"你想说……吧，但是……"按自己的解释反驳对方。一旦发言被压制，声音大的人自然占据上风，这样一来，逻辑讨论是不能成立的。

在实践中，促动师应掌握概括的基本用语和套词，还要学会"处理"当发言者发言时被其他人插话的情况。

F：我们先接着往下听，好吗？

F：嗯，别急，先让我们听完，好吗？

F：嗯，嗯。现在我们正在听某某的意见，过一会再谈你的反对意见。

如果这样做，仍然没有效果时，请停下来，让大家确认一下对发言内容的理解情况，然后再继续。

M：（插话）所以，刚才我不是说过这个不对吗？

F：等一下。你对小A现在的发言怎么看，是反对吗？

M：所以，我不是说……了嘛，这一点不用说也知道。

F：小A，和你的想法一致吗？什么，不太一样？这样吧，先让我们听小A说完，然后你再发表反对意见。

第 2 章

验证
Verification

1　为什么这样断言

2　使主张合情合理

3　确认一下你的验证能力

4　现场实战之验证技巧

1　为什么这样断言

★是的，我们能！

2009 年 1 月，美国第 44 任总统，民主党的巴拉克·奥巴马宣布就职。关于奥巴马总统获胜的原因，人们从各种不同的角度进行了分析。认为原因之一在于奥巴马的辩论能力——精彩演讲的人非常多。

其中，奥巴马的精彩演讲中呼声最高的当属 2008 年 11 月的《奥巴马胜选演说》。高潮在这篇演讲稿的后半部分，鼓舞人心的"是的，我们能！"一词多次出现，奥巴马怀着满腔激情向民众宣告能够对美国进行改革（Change）。他精彩的演讲方式毋庸置疑，演讲内容也极富说服力。

也就是说，奥巴马条理清晰地提出美国即将改变的根据，而且，这个问题以任何一个美国人都知道的事实为基础。

作为论据，奥巴马阐述了美国克服最严重的金融危机，从独裁者手中维护民主主义，消除人种差别，打破东西方壁垒，将世界合为一体的百年历史沧桑。

美国已经改变了多次，今后还将发生变化，让我们大家一起团结起来进行改变。这样的内容令很多美国民众产生共鸣，获得勇气。

这是本书后面即将阐述的归纳论证法。严谨地讲，就是为了使论点合理化，列举多个恰当事例的方法。但我们也可以对这个论点提出反驳：即使过去曾经如何，也不意味着现在会如何。但是，听者的心已经为这个论据深深地震撼，所有的人都相信今后美国会发生改变的可能。

与之相比，日本的政治家给人的感觉似乎是：不仅演讲没有论点，连论据也不堪一击。进一步讲，或许日本人整体都比较弱势。甚至可以用过于一般化形容，在此，笔者想谈一件亲身经历的事。

当笔者还是一个年轻职员时，曾在公司高管参加的某次会议中，做过一个关于今后10年市场预测趋势的报告。内容大体是今后10年日本将发生惊人变化，如果不迅速采取应对措施，企业可能难以为继。

但是，公司高管对该报告给出的评价简直令笔者瞠目结舌。

你的预测可能符合未来的趋势。但是，如果你设想的情况真的发生的话，公司将很难维持。另一方面，如果从现在开始，按照你的预测将企业进行转型，现在的企业就无法维系。你思考的那些应对措施是无法实行的，而且那些令人束手无策的事情将来也是不会发生的。

当时，我没有质问对方"为什么"、"您的根据是什么"的勇气，只能灰溜溜地就此作罢。当然，不到10年，在外界环境变化的推动下，该企业陷入困境的状态也不用说了。

★ 促进分解作业

根据戴维·玻姆（David Bohm）编著的《词汇》（英治出版）一书，

讨论（Discussion）一词与打击乐器（Percussion）和脑震荡（Concussion）的语源相同，这些词汇都有"破坏事物"的意思。

讨论者相互之间论点碰撞，从各种不同的切入点进行分析，以选择最确切的论点，这就是讨论。因此，讨论的中心是相互之间逻辑搭配的恰当性。具体来讲，是围绕"某个思路的这一部分欠妥"、"这一点不可信"、"进一步这样思考更恰当"等展开讨论，以得出更确切的结论。

促动师的责任是协助分解作业。针对讨论者相互之间的论点，提出"为什么"、"真是那样吗"、"有没有其他建议"等问题，促进分解作业。本章将围绕该技巧进行论述。

2 使主张合情合理

（1）检查主张和根据之间的关系

★并非每个人都具备逻辑

为了使大家相互之间在统一意见的同时展开讨论，仅仅提出主张还不足以打开通行的出口。因为如果只有主张，这个主张是否恰如其分，是否可信，与其他主张相比，哪一种更贴切，这些问题无从判断。

为了判断哪一种主张更恰当，有必要追溯该主张的根据是什么。"主张成立，因为有根据"——在众人面前摆出这样的组合，正是逻辑讨论的要求，这也是"合理"的讨论。

尽管谁都明白合理讨论的必要性，但在实践中却很难实现。能够明确地说明主张和确切根据的人只是少数，大部分人会为坚持自己的主张而创造条件。例如，下面的情况是不是很常见呢？

①把个人的观察当作事实来陈述。
②省略根据，大声议论，固执己见。
③把个别事例当成通用的法则。
④固执地坚持最初的想法。

另一方面，擅长逻辑思维的人为了坚持自己观点的正当性并说服其他成员，动辄以逻辑分析压制对方。这类人没有考虑到"不擅长逻辑思维的人的观点也有值得探讨的部分"，因此，无法进行灵活利用来自各成员的信息和见解的讨论。

这些问题在引发对立时表现得尤其明显。双方无暇思考"对方为什么那么坚持"的根据，而一味地陷入反复坚持己方主张的境地。这样一来，讨论成为两道并驰的平行线，当然对立也无法消除。

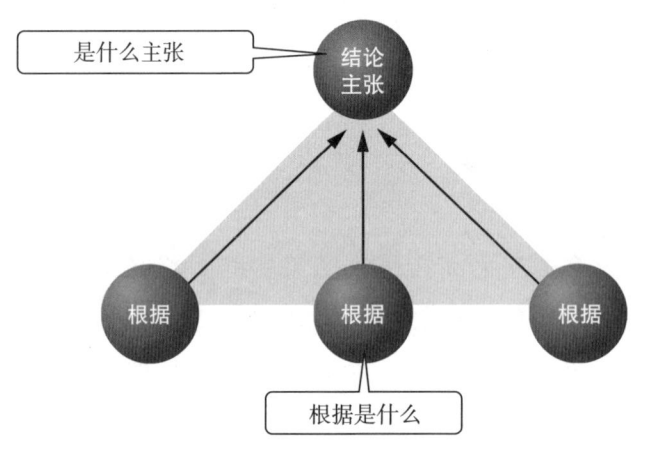

图 2-1　让主张和根据一致

因此，促动师不仅要发现主张，还要找出其根据，然后从旁协助，构建一个让所有人确认条理的同时讨论能顺利进行的环境。这就是本章即将阐述的"验证"作业。

★验证的3个基本动作

那么，为了进行验证，促动师应该做些什么呢？

1) 明确思路……基本动作④

确认主张和根据是否一致，如果有不足，找出欠缺的部分。导出回答论点的主张，探求遗漏的根据，明确隐藏的前提。主要使用"为什么"（Why）和"所以怎么样"（So what）两个问题。

M：那项解决方案行不通。

F：是吗，为什么？

2) 矫正思路歪曲……基本动作⑤

检查主张和根据是否恰当，是否连接正确。"真是那样吗"，保持审视的态度很重要。这样一来，就能对纵向逻辑是否恰当进行验证。

M：产品不良率过高，是因为部门之间无横向沟通所致。

F：真是那样吗？部门之间无横向沟通为什么会导致产品不良率高，你能说明一下吗？

3) 调整思路偏离……基本动作⑥

这个动作属于横向逻辑验证。促动师在场时，经常发生讨论成员集中围绕一部分观点进行讨论的情况。因此，促动师的重要职责是促使成员把注意力转向其他观点，并围绕那些观点展开讨论。比如，可以提出"有其他看法吗"这类拓展视角的问题。

M：她比较适合担任课长。计算能力不错，知识面广，接手新工作时熟悉得也很快。

F：有道理，就是说她富有才智。那么，她有没有其他的必备条件呢？比如，在威信和对待精神压力方面……

（2）基本动作④　明确思路

★技法1　用"为什么"，引出根据

在会议进行过程中，我们经常能听到下面这种说完后就撒手不管的意见。

"那家伙不可饶恕！"
"那根本行不通！"

这种发言虽然主张明确，但完全没有拿出根据。如果没有根据，就算想判断它是否恰当，也无从入手。

促动师应该经常主动思索每一个主张和根据是什么，一边设法套用"因为A，所以B"这样的结构，一边听取大家的意见。

当你注意到"没有根据（即没有A）"时，应该向发言者提出问题，"为什么你认为是B"，用这种方法导出根据，使主张和根据相一致。

促动师用为什么（Why）和开放性问题提问是常用的方法。

F：你这样考虑的理由是什么？
F：是指……吗，为什么？
F：为什么你这么说？
F：有道理，不过你的根据是什么？

当找到某些根据或从之前的讨论中发现一些类似理由的内容时，再

用封闭式问题试着提问。

F：你的意思是……那么，理由是……吗？

用"为什么"提问，得到回答后，如果不能充分理解，应进一步询问"为什么"，直到找出根据背后的根据所在。只要反复多次向对方提出"为什么"，或迟或早，应该能够理清整体的思路。这是一种从主张到根据，逐一追溯，直到与论点建立联系的技巧。

M：那样做，怎么可行！
F：为什么，做不了吗？
M：那样做时间不允许。
F：为什么时间不允许？
M：因为还有其他的事情要做。
F：为什么有其他的事情要做？
M：因为部长说那些工作优先。
F：哦，原来是这样……

★技法2　用"所以，怎么样"，导出主张

与上例相反，对于只强调根据（类似根据）的人则需要导出主张。

讨论过程中，你有没有发现：有的人习惯于像谈论他人的事情一样陈述"就是……"这种发言多为一般性结论和事实，没有实质性的主张。评论家中多见这种发言。

对于这种发言，促动师应该使用"所以怎么样（那又怎么样）"等问题，询问对方的主张是什么。

M：社会的大趋势毕竟是全球化标准。

F：所以，怎么样？

F：所以，你想表达什么呢？

F：因此？

F：那么，你的意见是？

F：那么，你想说什么？

F：……这么说，会怎么样呢？

这种情况也一样，当促动师在某种程度上找到主张时，应该运用封闭式问题进行确认。

F：因为……你的意见是……吗？

F：有道理。是……所以……是吗？

同样，当促动师第一次向对方提问"所以什么"，如果对对方的回答无法理解时，可以用"所以，怎么样"反复提问，直到导出主张。和前文的例子相反，这是一种从论点逐一追溯根据，直到找出最终主张的技巧。

M：因为部长要求先做……

F：所以，怎么样？

M：所以，有其他的事情要做。

F：因此，你想说什么？

M：我想说自己没有时间完成这项工作。

F：……你的意思是？

M：我认为那样不行。

F：哦，原来是这样……

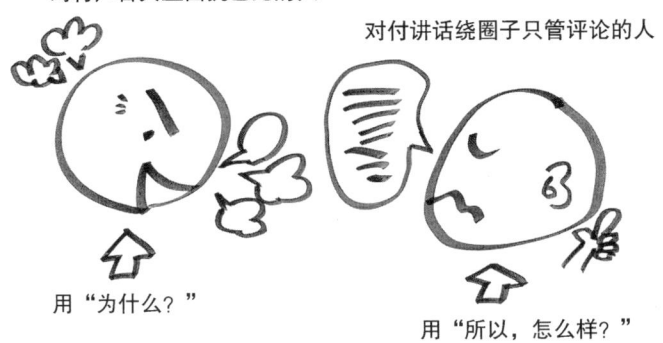

图 2-2　"为什么"与"所以,怎么样"

（对付声音大且固执己见的人：用"为什么？"）
（对付讲话绕圈子只管评论的人：用"所以，怎么样？"）

★ 不要被这种发言蒙蔽

倾听对方发言，如果没有听到根据或主张，就提出问题——这个工作看似简单，实际操作起来相当困难。

有的人为了进行自我宣传、努力争取对方的理解，发言的语气听起来十分肯定。于是，促动师就会被他的气势迷惑，忽略发言内容中没有根据和主张的客观事实。

M："人"当然是企业经营的根本所在。
F：是啊，人是企业经营的根本……
M：就算那样做，也没有意义！
F：是啊，没有意义吗……

这样一来，讨论将无法深入。为了避免这种情况，促动师应该一点点地锻炼自己，学会看清发言人的思路。

M："人"当然是企业经营的根本所在。

F：是啊……不过，为什么是"人"而不是其他因素，你能就这一点进一步说明吗？

★ 连接 "原因和结果"

"主张和根据"通过"原因和结果"进行连接的例子很多，因为"主张＝结果，根据＝原因"。

"原因和结果"也被称为因果关系。我们在会话中经常用到"因为……所以……"这种语法结构的因果关系句。由于使用次数较多，有时，即使拿不准"某某真的是原因吗"也不会深究，就"因为……所以……"地开始发言。

促动师应该在第一时间准确无误地弄清楚发言中的哪一部分是原因，哪一部分是结果。

M：宣传册的质量好像不怎么样……
F：所以怎么了？
M：没什么，我注意到销售额完全跟不上……
F：是啊，因为宣传册的质量差，所以销售情况不好，是这个意思吗？

像这样，一旦明确发言者的本意，采用"有其他导致销售情况不好的原因吗"这种方式提问，也可以进行思路的确认检查。

★ 连接 "目的和手段"

还有一种常用的连接方式，就是连接"目的和手段"。

我们总是把注意力过多地放在手段上，因而忘记了最初的目的，也就是倾向于关注未经慎重考虑的手段。达成某种目的的手段不只一种，我们却不考虑其他可能性就"匆匆收兵",实际生活中,这种情况很常见。

在实际讨论的过程中,大家或者对与某种手段相对的目的再次进行确认,或者在遵循某个目的的基础上进行思考。

在这里,促动师首先应该担负起明确什么是目的(……是为了什么)、什么是手段的任务。

A:在这家事务所开展应酬性活动怎么样?

B:噢,听上去不错。那么由谁带头呢?

A:是啊,谁合适呢……

F:请等一下。应酬性活动的目的是什么?

A:啊,是为了增进该事务所的人际交流。

F:哦,就是说增进该事务所的人际交流是开展这项活动的目的。

★技法3　与讨论成员确认思路

像这样,一旦思路明确,最后,促动师只需对思路进行归纳就行了。这个步骤虽然也有确认检查的意图在内,但不管促动师本人,还是讨论成员,让所有人认识"主张和根据"之间的结构才是目的所在。

承担明确逻辑结构任务的角色是连词(参照专栏2)。促动师应该有意识地使用"为什么"、"那是"、"所以"、"因此"等连词,以表明思路。

F:总之,你想说"是……因为……"对吗?

F:也就是说,你想表达的观点是"为了……应该……原因是……"是吗?

此外,促动师应该在白板或模造纸上写出结论和根据,让这些内容可视化。

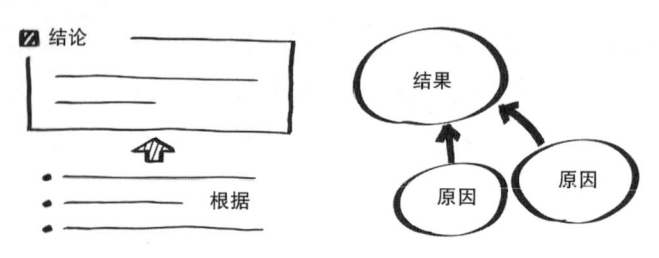

图 2-3　用箭头描述结构

特别是因果关系，促动师应该用箭头明确地标出原因和结果之间的关系。只用词语表述时，原因和结果之间的关系会显得杂乱无章，箭头的作用就是避免关系混乱。

专栏2　使用恰当的连词

就算想进行逻辑讨论，如果促动师本人说起话来没完没了，就很难在讨论者之间展开唇枪舌剑的讨论。

首先，促动师应改掉"所以……虽然……但是……"这类说话方式。请用"。"断句，说话要简短。

下一步，在断句的基础上，使用恰当的连词。这样做，即使断句，各句之间的连接也会显得很明确。

即使在连词中，也有意义比较含糊和相对明确之分。"而且"、"还有"等连词意义相对模糊，我们也习惯于频繁地使用它们，但这些连词容易给人造成冗长拖沓的印象。

如下所示，准确把握句子与句子之间的关系，用恰当的连词果断地插入句子中间。

说明理由：为什么、因为

导出结论：所以、因此

> 按顺序说明若干项目：首先、其次……
>
> 临时归纳叙述要点：总而言之
>
> 连接相反意见：然而、但是
>
> 表明意外事实：可是、尽管
>
> 补足、增加有助理解的内容：不过
>
> 事实和观点的对比：另一方面
>
> 这些连词在明确描述逻辑结构时用处很大。

（3）基本动作⑤　矫正思路歪曲

★增加根据的恰当性

思路明确后，接下来是检查思路是否恰当。首先，请把注意力放在根据的恰当性上。

根据其本身是客观事实，或者不是（是某人一厢情愿的设想——其内心大多认为这个根据是客观事实，有好恶之嫌，无法证明，是否抽象等），要明确这些问题。

在此基础上，应尽可能使根据满足下述条件，以提高根据的可信度。

①具体。
②不是个人的观察和传闻，而是客观事实。
③任何人都能重复同一事实并予以确认。
④明确描述对象是什么，进行了什么样的观察。

例如，假设这里正在召开一场关于讨论某商品改进方案的会议。

M：我们必须进一步提高商品性能。
F：哦，你为什么这样认为？
M：因为用户强烈要求。

从"统一主张和根据"入手思考，引出根据即可。不过，这个根据比较抽象，是否为客观事实尚待确认。这时，促动师应该提出问题，引出作为根据存在的具体事实。

F：你能具体说明一下用户的要求吗？
F：实际有什么要求，有多少？

★技法1　引出根据背后的事实

另一方面，你认为采取下面的方式怎么样。

M：昨天社长提到"最近顾客的投诉有所增加"。
F：所以，怎么了？
M：所以，我们必须考虑应对索赔的措施。

在这个例子中，导出主张的做法成功了，但根据在哪儿呢？"社长说了"这一点是否为事实并不重要，"顾客的投诉有所增加"这个问题是否为客观事实则非常关键。遗憾的是，"社长说"不过是传闻，仅凭这一点不能称之为事实。

在这种情况下，促动师需要像下面的例子这样提出问题。

F：你身边有没有关于顾客投诉增加的实际数据？

像这样，促动师应该努力找出客观事实。

对客观事实，也要慎重地辨明真伪。有的人佯作一副确有其事的模样，当你进一步调查时，就会发现"不对吧"。比如像"和过去相比，少年作案所致的杀人放火事件正在增加"这类"都市传闻"。

对于这种内容，我们只要用数据进行验证，其正确与否就一目了然了。特别对构成讨论前提和出发点的事实，容不得一丝一毫的马虎。

M：最近在日本，投诉者似乎正在悄然增加……
F：真的吗？你有相关数据吗？

当然，并不是一切现象的背后都有客观事实存在，如果对哪一种现象是否是事实而抱有怀疑态度，问题就会没完没了。从鸡蛋里面挑骨头并不现实，自始至终，请从多数人认同的事实，即常识性认识来进行判断。

当客观事实不存在时，只好顺其自然，没有必要去指责某人。只要利用现有的事实，导出主张和根据即可。

对于非事实性根据，是接受从该根据导出的结论，还是拒绝，将在后文继续讨论。

★技法2　检查逻辑跳跃的情况

接下来，是对主张和根据之间是否顺利连接进行检查。在该环节中，最常见的问题是主张和根据之间"间隙"过大，即逻辑跳跃的情况。请参照下面的例子。

M：他从高中时代起曾担任过队长，所以，他适合当课长。

发言者对"曾担任过队长"这个根据进行了说明，但在怎样与"适合当课长"这个主张发生联系时，没有进行说明，出现了一个"间隙"。这说明发言者在这个问题上疏忽了。在这种情况下，促动师需要找出他疏忽的理由。

F：为什么曾担任过队长，就适合当课长呢？
M：因为担任过队长，所以具备领导能力。
F：有道理，因为具备领导能力，所以适合当课长，是吗？

这样一来，根据的恰当性自不必说，逻辑跳跃的情况也消除了。我们把这种方式称为演绎法。它是一种建议大家牢记的逻辑连接法之一。

★ 检查演绎法

我们在序章中曾提到"一刮风做木桶的就大赚"的故事，这个例子就是典型的演绎法。

如果 X，就 A；如果 A，就 B；如果 B，就 C……如果 F，就 Y。重复这种推论步骤，这是一种像往自己身边拽线头一样，最后得出"如果 X，就 Y"结论的方法。

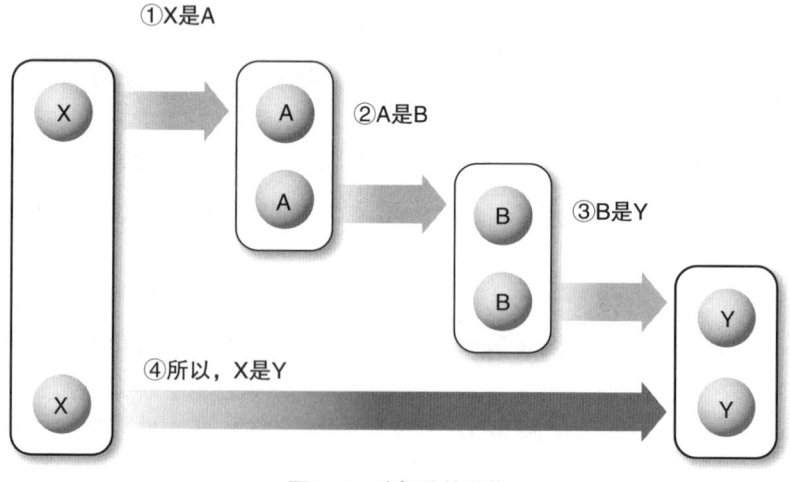

图 2-4 演绎法的结构

他从高中时代起担任过队长。

因为当过队长，所以具备领导能力。

具备领导力的人适合当课长。

所以，他适合当课长。

但是，当演绎法使用不当时，可能导出荒唐的逻辑来。让我们一起看看演绎法的陷阱，以及对此促动师应采取的措施。

★是否漏掉了一些步骤

第1个陷阱：有时发言者本人认为"因为是不证自明的'自明之理'，所以没有必要'特意拿出来说明'，因而跳过了某些推论的步骤。这样一来，思路之间的连接就断开了。比如下面的例子。

A：我们必须尽快重新设计宣传册！

B：为什么？

A：因为新商品的销售状况令人失望。

B：哎，怎么回事？

小A正在考虑的问题是"宣传册的好坏在很大程度上影响了销售额"，所以理应重新设计宣传册。这也被称为隐藏前提。

在大家进行讨论时，有些人的发言连隐藏前提也不带。对于大家来说，为什么"销售额低"成了"重新设计宣传册"这个主张的根据，他们是不可能明白的。

这时，促动师需要考虑"推论每一步的连接是否正确"，"发言背后的隐藏前提是什么"，把发言者省略的推论步骤引出来，公之于众。

M：新商品的销售状况令人失望，我们必须尽快重新设计宣传册！

F：为什么，销售状况不理想，就必须重新设计宣传册？你的意思是宣传册的好坏在很大程度上影响了销售额，是吗？

★推论真的成立吗

第2个陷阱是：推论步骤的某个环节是否出错，只是某人固执己见吗，下面将介绍几种类型。这时，促动师要抱着一种怀疑的态度"真是那样吗"去审视。

1）原本作为前提存在的推论不成立

M：我们公司未遵照国际标准，不遵照国际标准的企业发展会滞后。也就是说，我们公司的发展现状是滞后的。

F：不遵照国际标准的企业真的会滞后吗？

2）把总论（平均）应用于各论（个别）

M：芳本先生生于大阪。关西人都喜欢热闹，所以，芳本先生也是一个爱凑热闹的人。

F："关西人喜欢热闹"，即使大多数关西人爱凑热闹，也不能认为所有大阪出身的人都一样吧？即使这种情况普遍，也不能一概而论，不是吗？

3）连接可能性低的推论

M：销售额在很大程度上受电视广告的影响，电视广告一般因代言人而定，代言人一般因长相而定。所以，如果起用美女代言人，应该能够提高销售额。

F：你的观点不是和"一刮风做木桶的就大赚"一样吗？即使个例如此，你能断言整体如何吗？即使可能，其概率也不见得高吧？

4）把俗语和趣闻等一般论当成论据使用

M：大家希望立即着手采用这个好办法，这种迫切的心情是可以理解的。但是，俗话说"心急吃不了热豆腐"，在这里，我们是不是应该先慎重地探讨一下。

F：所谓"心急吃不了热豆腐"，只是一般性理论，反过来还有一句"趁热打铁"。用俗语导出结论是不是有失偏颇呢？

★检查归纳法

主张和根据之间的连接还有一种方法，这就是归纳法。请回忆一下前文"他适合当课长"这句话。

M：他从高中时代起曾担任过队长，所以，他适合当课长。

F：为什么担任过队长，就适合当课长呢？

M：优秀的A课长、B课长和C课长在上高中时都曾经担任过班干部，所以，他肯定合适。

归纳法就是一种从两个以上现象（案例）中找出共同点，以此导出主张和结论的方法。表述采用"从○○○、△△△和……根据，得出×××结论"这样的语法。

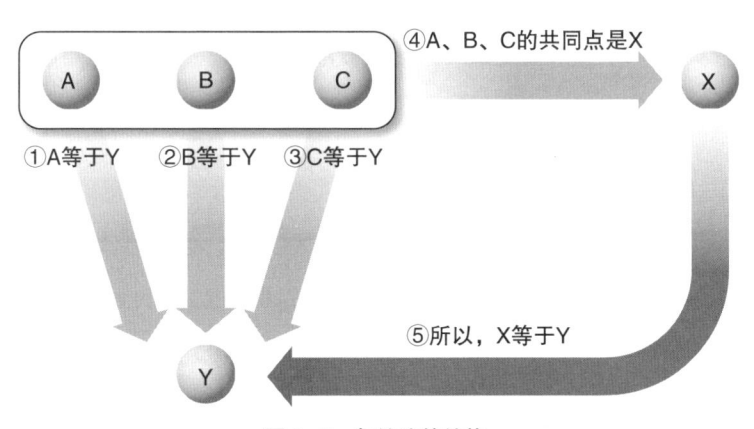

图 2-5 归纳法的结构

归纳法的特征是强调"根据中不包括新结论的相关语句"。在前例中，关于"他适合当课长"这个结论，虽然对话中的每一个根据都不包括它，但它却在句尾结论处像盛开的花朵一样闪亮登场。

归纳法必然存在某种程度的"跳跃感"，不仅容易让人产生疑问："说到什么程度合适呢。"我们没有必要因此质疑这样属于"逻辑的跳跃"，反过来说，可能正因为思路不连贯，当初没有设想过的新结论和假设才得以产生。

★是否轻率地对问题作一般化处理

归纳法中也有陷阱，最常见的是轻率地对问题作一般化处理。就是主张把少见和偏离的个别现象当成大多数场合中适用的一般现象来对待的情况。

作为促动师，如果碰上运用归纳法坚持己见的发言者，首先请检查其发言中作为论据现象的质和量是否充分。你可以用"哎，只用那个例子不足以说明吧"这样的反问对发言是否过于一般化进行验证。

M：销售部的A课长和B课长都说这个设计不好，所以它不好。

F：仅凭一两个人的意见就草率地得出结论，这好吗？我们是不是应该听取一下销售部以外的人或年轻人的意见呢？

在这里，可能有人产生疑问："需要几个人凑在一起，讨论才能成立呢？"遗憾的是，这个问题没有答案。只有当大家都认为"有道理，是这样"，在现象的质和量上统一了认知才可以，此外没有其他办法。

而且，当产生某种构思时，我们会从2种，甚至3种现象获得"哎，或许这就是……"的启发。当某人对问题的一般化处理认为不合适时，大多会成为引发后续问题的"导火索"。

因此，当发言者陷入"以个别事例为基础对问题作一般化处理"的状态不能自拔时，促动师只要限定范围，让对方认识到自己对结论深信不疑的态度过于轻率和简单即可。

★是否着眼于错误的共同点

在归纳法中，主张（结论）绝不能干脆地设定一个，因为着眼的共同点不同，结论会随之改变。现列举一个有名的例子。

现象1：喝香槟会醉

现象2：喝啤酒会醉

现象3：喝杜松子酒会醉

结　论：喝含有碳酸的饮料会醉

我们知道，这段话的正确结论应该是："喝含有酒精的饮料会醉。"在上例中，因为人们把着眼点放在碳酸这个错误的共同点上，所以得出一个荒唐的结论。

因此，并非从现象中提取的任何共同点都正确，如果提取的内容不当，就会得出错误的结论。作为一个促动师，应思考有无其他共同点，并主动向对方提问，这种态度很重要。

M：他从高中时代起曾担任过队长，所以，他适合当课长。

F：为什么担任过队长，就适合当课长呢？

M：优秀的A课长、B课长和C课长在上高中时都曾经担任过班干部，所以，他肯定适合。

F：等等，A课长、B课长、C课长年轻时有过在国外工作的经验。衡量某个人是否适合当领导的条件应该是有没有在国外工作的经验，而不是担任过队长，对吧？

★小心谨慎地处理因果关系

无论演绎法还是归纳法，都要全面细致地检查"从原因到结果"之间的条理关系。在"导致这个结果的原因真的是这一点吗"的环节停下来检查。在实际情况下，对因果关系进行验证并不容易，很多人对待因果关系那种满不在乎的态度令人惊讶。比如，下面这些不着边际的因果关系在会议中泛滥成灾。

①因为是辛辛苦苦生产出来的产品，所以当然会热销。

②业绩上扬是因为引进了"成果主义"（一种按个人成果确定收入的人事制度。——译者注）。

③因为部门之间的"墙壁太高"，所以工厂的产品不良率居高不下。

只要我们静下心来仔细想想，就会发现这些句子的因果关系完全不合逻辑，过度跳跃。如果在这类发言的基础上组织逻辑，必然得出荒谬的结论。

因果关系是否恰当，需从4点着手检查。

1) 相关关系是否成立

以上文第一句为例，如果辛辛苦苦生产的产品热销，那么，不是辛辛苦苦生产的产品就不热销吗？确认二者间的共变关系。只要从相反的角度陈述原因和结果，就能得出答案。

M：因为是辛辛苦苦生产出来的产品，当然会热销。

F：那么，不是辛辛苦苦生产出来的产品就不热销吗？

2) 原因和结果是否混淆

其实，可能原因恰好是结果，结果恰好是原因。检查因果方向是否颠倒。

  M：因为是辛辛苦苦生产出来的产品，当然会热销。
  F：热销这一点明白，但产品一定是辛辛苦苦生产出来的吗？

3）隐藏的原因是真正的原因吗

  此外，存在其他共同原因（这被称为"第三因素"），有时，受第三因素影响的现象（结果）之间看起来似乎存在因果关系（例如：穿半袖的人数比例和啤酒的消费量，这两种现象之间没有因果关系，但现象背后存在气温上升的共同原因）。促动师应该对现象背后是否存在隐藏的真正原因进行确认。

  M：因为是辛辛苦苦生产出来的产品，当然会热销。
  F：因为该产品功能强大、生产过程复杂，所以热销，对吗？

4）是否忽略其他重要原因

  有时，现象之间确实存在某种因果关系，但此外还有更大的原因，而现在考虑的原因并不是主要原因。

  M：因为是辛辛苦苦生产出来的产品，当然会热销。
  F：还有其他促成热销的原因吗？比如，消费者的健康热潮和时机，是不是主要原因呢？

★连接因果关系

  在因果关系中，还有一点需要注意。有时，因为我们频繁使用模糊不清的词汇描述原因，导致原因和结果之间不合逻辑。比如下面的发言。

"因为部门之间的'墙壁太高'，所以工厂的产品不良率居高不下。"

"部门之间的'墙壁太高'"是指什么状态，这正是第 1 章所述的模糊不清的用词。如果用这种模糊不清的词描述原因，就不可能找到确切的解决方法。

所以，对于"部门之间的'墙壁太高'"这句话，我们应该用"不知道下一道工序的操作内容"，"各工序的组长都固执己见，相互排斥"等描述使之具体化。

那么，对于下面的描述，你能理解吗？

"因为不知道下一道工序的操作内容，所以工厂的产品不良率居高不下。"

这样的表述可能也会让人产生逻辑跳跃之感。因为听者会奇怪：为什么不知道下一道工序的操作内容与工厂的产品不良率有关？

这时，促动师需要像下面这样，在白板上把原因和结果之间的关系连接起来。

F：不知道下一道工序的操作内容，会怎么样？

M：嗯，前一道工序的人不考虑怎样让下一道工序的人操作更顺利。

F：那样一来会怎么样？

M：下一道工序的人会在准备工序等环节上耗费时间。

F：但是，那样怎么会和产品不良率相关呢？

M：因为限定时间内的产品数是相对固定的。在准备工序中消耗的时间太多，使组装工序原本充裕的时间相应减少。导致减少差错的余力不足。

这样一来，各现象之间就连接起来了（参照图2-6）。

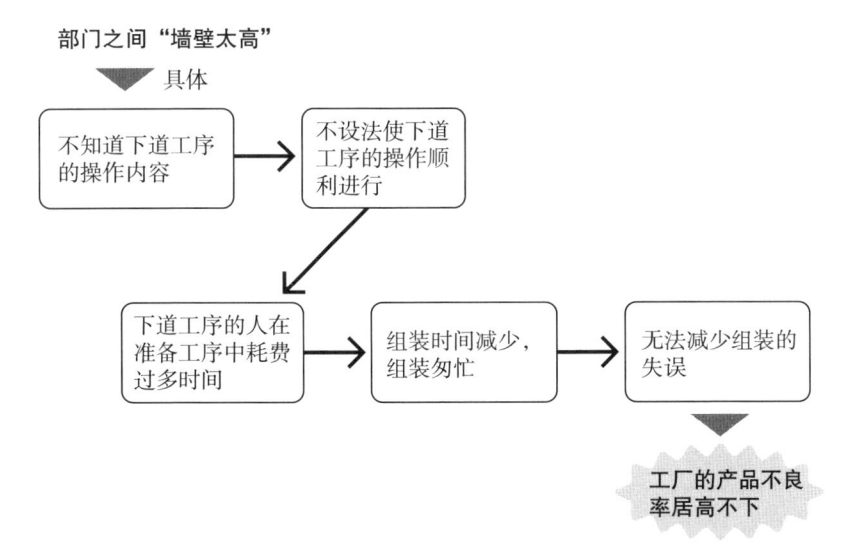

```
部门之间"墙壁太高"
       ↓ 具体

┌─────────────┐    ┌─────────────┐
│不知道下道工序│ →  │不设法使下道  │
│的操作内容    │    │工序的操作顺  │
│              │    │利进行        │
└─────────────┘    └─────────────┘
       ↓
┌─────────────┐    ┌─────────────┐    ┌─────────────┐
│下道工序的人在│ →  │组装时间减少，│ →  │无法减少组装的│
│准备工序中耗费│    │组装匆忙      │    │失误          │
│过多时间      │    │              │    │              │
└─────────────┘    └─────────────┘    └─────────────┘
                                             ↓
                                      ╔═════════════╗
                                      ║工厂的产品不良║
                                      ║率居高不下    ║
                                      ╚═════════════╝
```

图 2-6　连接因果关系

像这样，只要解开因果之锁，就能对因果关系的连接进行检查。此外，还有助于思考各种有效的解决方案。

（4）基本动作⑥　调整思路偏离

★思路不是只有一种

只要正确运用演绎法和归纳法，就能理清思路。但是，这时还不能高枕无忧。如序章所述，与一个论点相对，可能存在几种思路。如果不对其他思路展开探讨，匆忙地下结论，这样的结论会不足以让人信服。

让我们重新回到"他适合当课长"这句话上，仅从具备领导能力一点，得出他适合当课长的结论似乎有点轻率。因为担任课长还需具备很多其他的条件。

　　M：他从高中时代起曾担任过队长，所以，他适合当课长。
　　F：为什么担任过队长，就适合当课长呢？
　　M：因为担任队长会具备领导能力。
　　F：有道理，具备领导能力是担任课长的必备条件。但是，不需要其他条件了吗？比如，知识结构怎么样，或者，是否具备管理者应有的言行等。

　　如果 M 从技能、知识、举止等方面找到所有符合条件的论据，可能"他"确实适合担任课长。讨论进行到这个环节，才称之为逻辑讨论。下面我们将围绕怎样运用横向逻辑展开论述。

★从广泛的视角对根据进行确认

　　我们的视角总是失之偏颇，经常从自己的角度出发观察事物，收集使自己的理由正当化的根据，这种例子很多。这样一来，经常导致观点失衡，产生疏漏。
　　如果有人思考问题的出发点失衡，促动师应该提出问题，促使他针对其他思路展开讨论。在这样做的同时，帮助他理出更恰当的思路。

　　F：你有其他观点（想法）吗？
　　F：……这个视角（切入点）怎么样？

　　即便如此，也不意味着收集越多的思路就越好，率性而为只会耽误工夫，并无效率可言。
　　拿现在的例子来讲，即使把"在高中时代担任过队长"、"在组织中担任过中央委员长"、"担任过儿子学校的教师联谊会会长"等根据集中起来，也只能在强化"领导力"这个思路上做文章。不对其他思路进行探讨，就无法调整思路的偏离。

再进一步地剖析，即使把很多不独立的论据并列起来，对提高表达的逻辑性也无所助益。这是一个我们很容易掉下去的陷阱，请务必记住。

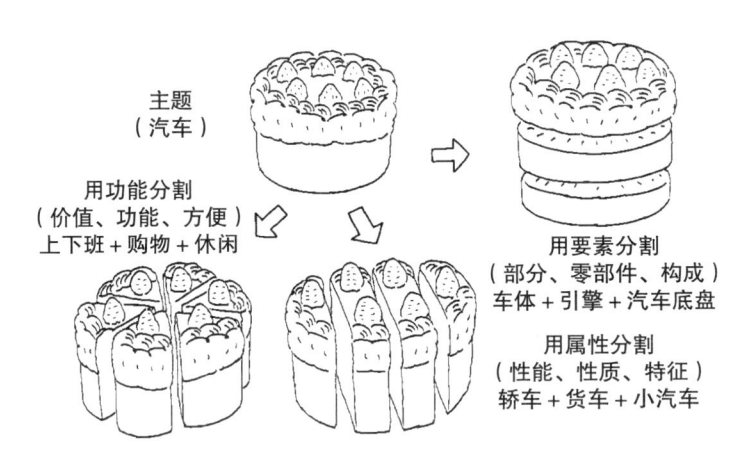

图 2-7　从多个视角分解主题

为了避免这种情况，多个视角，即有很多切入点必不可少。

切入点，如字面所示，是一种分割论点的方法。用前面的例子来讲，是从技能、知识、态度 3 个视角分割"适合当课长"这个主题。

像这样，好的视角要求既能覆盖论点整体，又能均衡地展开讨论。只要掌握这种视角，就能对论点展开有效地探讨。

在探求其他思路时，首先要把论点分为几个视角。其次，对现在的发言对应哪个视角做出判断。在此基础上，用"有没有其他视角"的提问探讨对其他视角的看法。反复这一过程，以此调整逻辑的偏差。

在这里，仅围绕切入点的重要性进行说明，关于怎样发现切入点，将放在第 5 章介绍。

★打破死脑筋

"调整思路偏离"这一基本动作是用来对付脑筋顽固的人。所谓脑筋顽固的人，是指那些视野狭隘，从自己的想法中跳不出来的人。换句话讲，就是针对一个目的（原因），坚信只有一种手段（结果）的人。

如果碰到这种人发言，促动师首先应认准目的和方向，返回最初的论点。通过返回"上位概念"（上位概念亦称"属概念"，与"种概念"，即下位概念相对。——译者注）来拓展视野。在此基础上，帮助发言者思考采用其他手段是否可行。

M：应该尽快让全体员工参与主持讨论研修。

F：哦，主持讨论研修，目的是什么呢？

M：嗯，是增强会议的活力，进一步增强组织活力。

F：有道理，增强组织活力是吗？那么，我想问一下，增强组织活力的方法只有主持讨论研修一种吗？你能否再列举出其他3种呢？

如果发言者没有想到其他观点，促动师应该从旁提示切入点，助其一臂之力。比如，你既然坚持这个切入点，那么也可以从这个切入点考虑，等等。

M：应该尽快让全体员工参与主持讨论研修。

F：哦，主持讨论研修是吗？想法似乎不错，但是，这样做的目的是什么？

M：嗯，是增强会议的活力，进一步增强组织活力。

F：有道理，增强组织活力是吗？那么，除了研修，有没有其他职场可行的方法？还有，每名员工是否能独立研修，此外，研修是一种长期组织形式，能不能考虑一些见效快的短期方法呢？

此外，站在相反立场上的人会提出怎样的反驳意见呢？为了让那些持反对意见的人也接纳，选择什么样的切入点才能更好地表明自己的根据也是方法之一。促动师只要想到具有代表性的反驳用语，可以试着用它向大家提问。

M：应该尽快让全体员工参与主持讨论研修。

F：哦，主持讨论研修是吗？想法似乎不错，但是，这样做的目的是什么？

M：嗯，是增强会议的活力，进一步增强组织活力。

F：有道理，增强组织活力是吗？那么，有人可能会反问"即使这样，也没有必要全体参与吧"，你要怎样说明才能让这些人信服呢？

像这样，对待脑筋顽固的人，促动师应运用纵向逻辑上下探讨、横向逻辑左右分析的常规方法，请务必记住这一点。

3　确认一下你的验证能力

（1）确认理解能力的练习

★实战练习：该不该降价

假设这里正在召开一场讨论主打产品是否该降价的会议，但讨论似乎并未朝预期的方向发展。此时，促动师应该选择什么时机施加影响呢？请试着思考。

A：你的意思我明白，但是，即使这样降低售价，如果产品的数量跟不上，也无法达到预期的销售目标。和前年相比，现在的销售量下滑了20%，情况危急，这一点你不知道吗？

B：我当然知道，但是，如果降价仍不能使现状有所改观怎么办？利润减少，库存累积，只会加速赤字。小A，你对风险规避方案怎么考虑？

A：你看，现在不管是超市还是餐馆，只有走低价路线的行业形式乐观，高价消费品滞销难行。这表明了现在市场的真实情况。我们本身具备企业实力，只要产品售价合理，一定有办法改观的。

C：对此我也有同感。市场状况变化，所以，一定程度的价格波动是不可避免的。这是没有办法的事情。根据这种现状，我们如果不采取降低成本、构建降价且可行的成本结构的话……

B：什么，降低成本，太荒唐了！我们一直致力于改进、再改进，好不容易才把成本降到现在的价格水平。你这么轻率地评论，实在……

图2-8　杂乱无章的会议讨论

C：之前我读过日经新闻，这半年以来，从中国进口的原材料价格不是全面下调了吗？没错，我们公司产品的材料在很大程度上依赖从中国进口。所以，应该有一定降价的空间。

B：可是，在现在这种大环境下，P公司也好，Q公司也好，企业销售不是还都维持在一定水平吗？据说各家都由企业高管莅临销售一线进行指导。我们也应该引进这种体制，难道不是吗？

A：明白了。那么，大家看这样好吗？我们也效仿其他企业，让社长亲临一线指挥，不管该商品降价与否，只要在运营过程中由社长根据实际情况灵活应变，就没人抱怨了。

C：明白了。那么，从今天开始就这么办。拜托了！

★解析：不验证思路，就无法进一步思考

草率地展开讨论，结果只能导致会议拖延。讨论过程中问题出在哪儿，促动师应该采用什么方式介入，接下来让我们按照各个论点逐一剖析。

论点1：降价的风险

在上面的会议中，主要的问题是每个人的论点不一致。其中，最典型的人是A氏。B氏针对风险规避方案向A氏提出问题，而A氏说明的却是成功的理由。而且，A氏阐述的是社会上的一般状况，对于公司的这款商品的保证却只字未提。

F：你谈到了成功的理由，但对于小B提到的降价风险问题，你是怎么考虑的？

F：你想说因为超市和餐馆那样操作，所以我们也应该效仿吗？

论点2：降低成本的可能性

论据模糊不清的情况，在其他两人中也表现得如出一辙。即使原材料价格整体下降，实际情况下，这款商品使用的原材料的个别售价是否真的降低了，这一点无从判断。乍看上去，发言者似乎运用了所谓的三段论法，理由充分，无可辩驳，其实只是一种值得怀疑的推论。

F：你提到的"整体"降低，应该是既有降价又有提价，是平均下降的意思吧？所以，我们采购的材料价格是否降低，如果不看具体的单

价，是不能贸然做出判断的，对吗？

论点3：社长亲临一线指挥

P社和Q社采取措施的话题也一样，不能因为只有两家公司运作正常，就断言只要社长亲临一线指挥，就一切顺利。也就是说，这种方式过于一般化。

也可能P社和Q社只是偶然采用了相同的销售策略，所以运作顺利。社长亲临一线指挥可能是表象的原因。但仅仅根据这一个事例，就要求社长亲临一线指挥，这样的结论过于武断。

F：仅从P社和Q社的成功案例，就得出只要社长亲临一线，一切会顺利的结论吗？反之，就算社长亲临一线指挥，也遭到失败的例子，你没有听过吗？

F：P社和Q社是否还有其他共同点可循？比如，销售策略相同，或投入大量资金等。

论点4：销售促进方案的探讨范围

接下来的问题是，可能因为固执己见、不善变通，这场会议始终在围绕一个价格话题进行。其实，大家应该拓宽思路，结合其他方案，如思考怎样促进销售，怎样提高商品魅力，怎样开拓新的销售渠道等问题一并展开探讨。

而且，讨论中虽然涉及顾客和企业自身的问题，却完全没有涉及面对本企业的降价变化，竞争对手会采取什么对策抗衡等行业竞争的问题。

F：从一开始，我们的讨论一直停留在Price（价格）方面，企业4P营销策略的Promotion（促销）和Place（渠道）等因素不必考虑吗？（4P指Product产品、Price价格、Place渠道、Promotion促销4个英文单词。——译者注）

F：围绕公司自身（Corporation）对策和公司顾客（Customer）反应进行讨论是可行的，但是，我们是否需要考虑竞争对手（Competition）将会如何应对呢？

促动师把会议交给这些成员，任由他们继续这种没有逻辑的讨论是很危险的。从这层意义上来说，把一切交由社长判断不失为明智之举，或许能因此得出恰当的结论。

（2）提高验证能力的训练

★捕捉论点和论据一

无论杂志还是书本，请随意翻开其中一页，从你喜欢的地方开始阅读，在认为是阐述论点的句子下面画"———"，在认为是阐述论据的句子下面画"～～～～"。这是最基础的训练，目的是提高捕捉论点和论据的能力。

★捕捉论点和论据二

这是一种在大家展开讨论时进行的练习。请在随身携带的笔记本上记录"论点"和"论据"。

在倾听大家发言的同时，在书面"论点栏"内写下你认为是论点的内容，把你认为是论据

图2-9 随身携带的笔记内容（例）

的内容写在"论据栏"内。

★ 检查论据是否恰当

任选上面的实战练习"一"或"二",在做练习的同时,用"○"勾出你认为比较客观的论据,用"△"勾出你认为只属于发言者的观点、臆测和固执己见的内容。

★ 质疑练习

从新闻和杂志等刊物中选取小则报道和论说文作为备选例。

在阅读这些内容的同时,对其中是否有本章出现的"前提不成立"、"轻率地对问题作一般化处理"、"因果关系不合理"等问题展开讨论。

如果发现,请设想你是一个促动师,面对这种情况应该怎样提问和发问,请大胆地说出来,进行模拟训练。

★ 从多个视角分析论据

①准备几个"是否应该做……"这样的题目。参阅与辩论相关的书籍,应该有很多参考例子。

②选择1个题目,确定自己的论点是"应该做",还是"不应该做"。

③设定3条论据(一条不足以构成练习),尽量选择自己的论点及不喜欢的论据。此外,对它们的出发点进行备注。这个步骤要控制在较短的时间内,以1~2分钟为宜。

④相互介绍论点和论据,即使观点相同,认为"应该做"的人

（或认为"不改做"的人），也应该有不同的论据。在认识这一点的同时，大家应围绕较好的 3 条论据来展开讨论。

此外，试着理解持相反观点的人的论据。怎样回答反方意见，大家再围绕这个问题进行讨论。

★建立 "为什么，为什么"的连锁

列举身边关注的某个现象，设定"为什么"这一论点。在模造纸正中间进行标注。

大家在便笺上写出想到的原因，贴在模造纸上。用箭头把原因和结果连接起来，此外，在注意下面 3 点的基础上继续练习。

① 是否存在其他原因。
② 造成该结果的原因是什么。
③ 结果和原因之间是否合理。

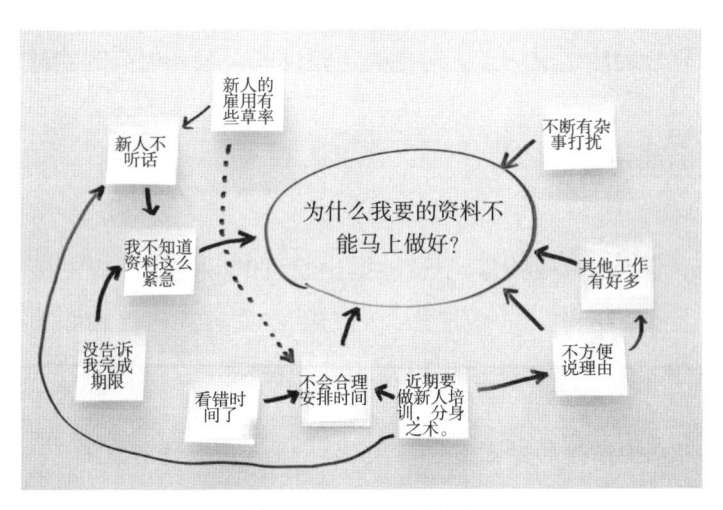

图 2-10　建立连锁输出

4 现场实战之验证技巧

（1）在注意关联性的基础上介入

★否定逻辑，但不要否定人格

从信息接收方的立场来讲，当他人检查自己发言的逻辑时，心里一定不太舒服。因为这等于告诉他"你的逻辑不正确（偏离）"，难免会伤及面子。这样一来，对方反而会固执己见，死守不正确的逻辑不肯放弃，甚至强词夺理或狡辩。提问和质问是两个对立的存在。

为了避免这种情况，需要区分人和事。所谓人，是指发言者的人格；所谓事，是指主张的内容，即观点。

我们经常陷入一种惯性思维模式，一旦他人对自己观点的恰当性提出质疑，总习惯于否定对方的人格。促动师必须记住，从始至终自己介入的是论点的恰当性，而不是某个人的人格或世界观。促动师需要利用词汇和肢体语言充分地传达这一点。这是决定验证能否顺利进行的关键。

★接受对方的重要性

首先，促动师不要出其不意地提出验证的问题，而应在接纳对方发言的基础上一步步进行。仅这样，对方就会很容易接受后面的提问。基本原则请参照前章所述的重复对方用词的技巧。

F：有道理，你的考虑是……那么，你为什么这样认为？

F：关于你现在指出的……能否阐述一下你的理由？

而且，如这个例子所示，促动师应语气诚恳地向对方提出问题。如果语调简慢，有嘲弄之意，对方是不会顺从地接受问题的。也就是说，传达己方的诚意很重要。

此外，促动师提问时，要注意"为什么"、"为何"等措辞，因为这些措辞容易让对方产生被质问的不适感。如果这种情况继续，最后会发展成责难。请记住：不是"Why"的用法，而是适度地运用"5W1H"提问，即使连续多次使用，也能缓解紧张的气氛。其中最推荐使用的单词是"What"。

F：你为什么这么想？（Why）

F：你的理由（根据）是什么？（What）

F：有什么理由（根据）？（What）

F：你的理由（根据）在什么地方？（Where）

F：你怎样进行说明？（How）

此外，当主语是"你（You）"时，难免让人产生被追问的感觉，所以，促动师有必要琢磨怎样从"我们（We）"的第一人称角度出发来提问。

F：我们为什么要这样考虑？

F：我们应该怎样考虑这个问题？

★向领导发问

进一步讲，当对方是上司时则要特别注意。虽然让对方认识到自己逻辑有误没什么不对，但若伤及对方的颜面，使其成为麻烦的制造者，就得不偿失了。

这时的基本原则是先奉承对方几句，令对方的情绪转好，待飘飘然时，再猛刺一下。具体做法是先赞扬"感谢您提出这么好的建议"，"有道理，不愧是某某先生"，然后运用"捧杀"技巧后，记住如下语句，用"表面恭维内心瞧不起"的方法步步紧逼。

F：我觉得可能是自己学习不足……

F：我脑子转不过弯来，有一个问题想请教一下……

F：我想代表大家的立场冒昧地问您一个问题……

F：为了慎重起见，我想确认一点……

F：抱歉，有一句话我没听清，您能不能再说一遍……

F：为了让讨论气氛更活跃，我想问一下……

★灵活运用肢体语言

这里谈一点题外话，在这种时候，促动师如果像刑警可伦坡（注：经典美国电视系列剧《Columbo》中的男主角，以敏锐的推理能力侦破各种案件，并让犯人无从抵赖）一样推理，进展应该更顺利。

图2-11 发问的姿势

比如，你可以摆出一副"我记性不好"的自我贬低的姿态，同时，从明摆着的事例入手逐一确认。在竭力向对方表示自己由衷的敬意和亲近感的同时，一点一点接近问题的核心。这正是高手的发问技巧。

反之，对于那些怀疑自己逻辑思维能力的人，为了煽动其不安感，促动师需要拿出强硬姿态。这时运用的是日本著名警探推理电视剧《古畑任三郎》式操作法（该片以倒叙法先由古畑任三郎引言叙述案件大要，再披露犯人作案的情形，而后描写古畑从与犯人的交谈及证据中确定其嫌疑，逼得犯人不得不自白。——译者注）。

促动师可以试着摆出一副双臂交叉于胸前，潜心思考问题的样子，同时尖锐地发难"哎，和刚才的话题不太一样吧"，直指逻辑问题。这也是一项完美的发问技巧。

此外，还有一句题外话，促动师站立的位置也很关键。

如果促动师像学校的老师一样站在会场正面。对大家语句中的逻辑关系进行检查，其角色就成了名副其实的废品收购商。如果不选定主题和提问对象，参加者就会产生被追问之感，处于防卫状态。

因此，上面这种位置不可取。促动师应该站在与参加者保持斜向的位置上，靠近发言方。与参加者一起注视白板，让对方产生"大家一起思考问题"的感觉。而且，如果站在会场后方或角落处提问"我们这么做真的好吗"，就会在促动师和成员之间营造出一个融为一体的温馨空间。

像这样，即使促动师提出的问题相同，利用肢体语言向对手施加压力，效果也会发生显著的变化。不是哪一种位置最合适，而是应从自己的角色、与对方的兼容性、会议现场的状况等因素综合考虑，选择最有效的一种姿势。此外，在这样做的同时，请每个促动师设计自己独有的姿势。

★ 忍受沉默

这样一来，当促动师提出验证逻辑的问题时，因为对方无法立即做出回答，所以，我们经常看到一些促动师会接着说第二句话。这种方式不值得提倡。因为，对于"为什么"、"怎么样"等问题，你通常需要给发言者留一段思考的时间。此外，如果不给对方思考的时间，提问就容易变成责难。

为了避免这种情况发生，请你学会忍受沉默。既然是由促动师提出的问题，那么，发球权应该掌握在对方手中。你没有必要着急，请静静地等待，让对方仔细思考。你可以试着在脑海中数到 10，等待对方的答复。

如果对方还是答不上来，你可以学着模仿刑警可伦坡，善意地表明自己的态度："一下子答不上来吧，没关系，慢慢想！"运用这种方法，你一定能听到回答。

（2）怎样对付这种诡辩

★ 绝境到来

当我们按照一定的逻辑关系对讨论进行分解，不明所以的发言一点点清晰起来，讨论内容趋于统一，看似形势一片大好，其实，现状不容乐观。因为强词夺理、为讨论而讨论的人层出不穷。

例如，假设有人提议"应该引进新的人事制度"，当问及理由时，对方回答的口吻很强硬："因为这是世界标准，如果不引进这项制度，我们必定被世界淘汰。"对此，大家"似乎有点"接受。实际上，如果顺着气势继续讨论的话，这种在没有反对意见下通过的例子很多。

但是，当大家思路清晰，开始陈述"这项制度有这种优点"、"可能发生这种问题，可以采用这种方式加以克服"等理由时，就会注意到"啊，有那种缺点"、"那么办真的没关系吗"等质疑对方的部分。甚至有人会提出"不，只投入那么点经费行吗"等无聊的反驳。

请记住一点：逻辑讨论原本就容易遭到质疑。因为当你打算梳理话题的思路时，可能有人会根据细枝末节对你提出反驳。

虽然我们不希望遭到误解，但是，反驳本身会提供新颖的创意，也就是说我们应该持欢迎的态度接受反驳。此时的基本原则是接受反驳，通过询问对方反驳的根据所在，来提高讨论的质量。

这里的问题不是提供新的观点，目的很简单，就是用"发问"达到摧毁对方理由的目的，这种方式也可以称为诡辩、狡辩。在这里，让我们一起看看典型的"发问"和应对"发问"的原则（参考文献：船川淳志《逻辑听力》，钻石社；饭田泰之《一无是处的讨论》筑摩书房）。

★100%攻击法

当你坚持某个论点，找到充足的证明数据，陈述某些说服力很强的论据时，理屈词穷的反对派一定会提出这样的反驳意见。

M：你的观点100%正确吗？
M：失败的可能性不可能为零吧？

这无异于强烈的"猛然一击"。这个世界上能断言100%正确的事物是没有的；同样，几乎所有事物的几率都不可能为零。但是，我们正在探讨的问题并不是自然科学。针对自己的问题进行判断，这个判断是可信的。你只需把这一点传达给对方即可。

F：是否100%正确这一点暂且不提，我们只围绕A方案和B方案，哪一项更恰当进行讨论不好吗？

F：失败的可能性虽然不可能为零，但你认为怎么做更稳妥呢？

★ 极端攻击法

极端抨击与100%攻击近似，是一种引证极端事例、击溃对方观点的反驳论法。一般运用"如果……怎么办"这样的语法结构。例如，当大家围绕引进新系统展开讨论时。

M：引进新系统的优点显而易见。但是，如果引进新系统，大家伏案工作，不再外出怎么办？

世上的事就是这样，不管怎么出招，都有不利（弱）的一面，只要你提出这个不利的方面，一般情况下都会听到这样反驳的意见。此时，促动师应该这样出招。

F：至于那样吗？你设想的那种情况的概率是多少？

事情发展到这一步，即使不是极端情况，当放弃之前实施的方案时，你一定会听到"如果发生负面影响（负面效果）……"等反驳的意见。这时，促动师应对的基本原则只有"逆向思维，放置天平"。

M：如果终止该方案，业绩下滑怎么办？

F：那我们在"放弃方案业绩下滑的可能性"和"不放弃方案业绩下滑的可能性"之间放一把天平，考虑哪一种更可行？

如果对立的两组方案概率相等，那么，从业界的观点来看，无论放弃还是不放弃都没有关系。

★完全解决方案攻击法

完全解决方案攻击法是一种"这样做无法解决所有问题"的论法。这种说法合情合理，但只采用一种方案能解决所有问题的例子少之又少。如果除此之外没有更好的办法，那么，与其什么都不做，不如动手解决一点问题。实质是把绝对论转化成相对论。

M：采用这种方案无法解决我们公司现在面临的所有问题。

F：你说的没错。但是，现在没有其他更好的方案，如果这个办法能起到一点效果，是不是有一试的价值呢？

和这个例子相近。

M：采用这种方案能解决赤字吗？不能，不是吗？所以，这个方案没用。

这句话中隐含着"'仅仅'采用这一种方案，无法解决赤字问题"的理由。因此，促动师应该指出这一点。

F：你的观点是"仅仅"采用这一种方案无法达到目的，对吧？同时还需要采取其他方案，对吗？也就是说，你并不认为这个方案没有必要，是吗？

★"真的"、"真正的"攻击法

一种用"真的（真正的）……不是那样（是那样）"这样的句子驳

倒对方的方法。例如，某企业以部门为单位采取某项重要措施，正处于落实第一步小措施的阶段。

M：采用那种小打小闹的方法，能实现真正意义上的生产改革吗？

你一定会听到有人提出这样的反驳意见。这种论法的简单之处在于用不着考虑太多，谁都能轻松使用，所以，笔者认为它的出现频率相当高。

这种论法的特征是：提出反驳意见的人对发言者思考的"真的（真正的）……"的背后现象不做说明，一味重复"不是那样"、"你能说……吗"。对此，促动师的应对方式是用"所谓真正的……是什么"向提出反驳意见的人发问，从确认其内容的地方开始。

但是，"真的……"等不明确的情况比较普遍，促动师即使询问这一点，也可能令讨论进一步陷入泥沼。这种情况下，促动师注意不要让讨论演变成"是真的，还是小打小闹"这样的二元对立，应设法向大家灌输二者一体才是上上之策。

F：首先，不迈出第一步，真正意义上的生产改革就无法实现，不是吗？

★ 千篇一律型攻击法

一种运用看似巧妙而且富有逻辑的句式，连续不断地抛出问题，迫使对方主动撤回主张的方法。代表性句子有"这不合逻辑"、"这是把手段目的化"、"使问题的争论矮化"、"这仅仅是形式论"、"这不过是战术"等等。

有时这些句子描述的情况属实，但意在击溃对方发言的情况也为数不少。

但是，不管哪种情况，促动师应对的方法都一样。就是具体确认对方的理由。

F：请问哪一部分不符合逻辑？
F：哪里是把手段目的化？

★ **当促动师遭到炮轰时**

发言稍有不慎时，促动师可能会面临来自成员的炮轰。例如下面的句子。

M：你不知道，这个世界……是约定俗成的。
M：你是外行吧？给外行人说也听不懂。

对此，促动师应对的基本原则是不要逃避，坚守阵地。你可以运用"正像您讲的那样，既然如此，能否告知……"这样谦恭的表达方式向对方发问。到对方获得心理满足之前，一直运用"您的意思是……"这样抱有同感的语气去接纳。

这样一来，当对方的情绪有所缓和后，请运用本章所述的4个基本问题发问，"为什么"，"接下来，是什么"，"真的吗"，"没有其他观点吗"，在这个环节上开始步步进逼，直到让对方注意到自己固执己见的事实。

这样一来，可能有人会跳出来极力反驳："那么，你是怎么考虑的？"这时，促动师应以其人之道还治其人之身，回敬对方"哦，我是门外汉。那你是怎么考虑的呢？"

而且，构建逻辑体系的任务不仅限于促动师，也是会议全体成员的责任。当促动师感到为难时，只要把问题甩给成员"大家是怎么考虑的"，一定会有人站出来助你一臂之力。在此请务必注意一点：尽量不要陷入成员与促动师一对一的关系。

第 3 章

整理
Classification

1　为什么问题得不到解决

2　明确讨论的整体概况

3　确认一下你的整理能力

4　现场实战之整理技巧

1 为什么问题得不到解决

★ "冲动病"和"一刀切病"

在你所属的公司中，这样的疾病是否正在蔓延？

比如，有这样一种情况，公司发出"降低生产成本"的号召，所有人必须考虑降低生产成本的有效解决方案。

有人忽然想到一个点子，"大家搭乘出租车的次数过于频繁，可以限制搭乘出租车"。大家暗自嘀咕"除了这个办法，应该还有其他办法可行吧……"但这个方案的确是一项绝妙的提议，于是竟然作为会议的结论表决通过。这就是"冲动病"。

实际上，即便大家拼命节省搭乘出租车的费用，一个月充其量也不过10万日元上下。与此相比，通过减少无谓的招待费来降低成本的空间可能更大。因为"冲动病"的缘故，大家陷入在一件没有多大意义的事情上钻牛角尖的窘境。

与"冲动病"相对的现象是"一刀切病"，即"那么，所有费用一刀切，一律降低20%"。其理由冠冕堂皇，因为"面对这么严峻的现状，能够降低成本的地方一律降低"，"如果一项一项地提议，就没完没了。干脆一视同仁，一刀切"。

像新产品开发经费这样，可能连不该节省的项目也一并被砍掉。如果公司本身拥有能够应对各种不同情况的资源和实力还好，但实际情况却不是（如果公司拥有能应对一切情况的资源，逻辑讨论等就没有必要。只要针对可能发生的情况采取应对措施即可）。结果，这也想干，那也想干，所有的事情只做了一半就草草收场，这才是得不偿失。

在组织中蔓延的"冲动病"和"一刀切病"，总而言之，就是因为嫌考虑问题麻烦，着眼点不是"解决"问题，而是把问题"处理"掉。这样蛮干，一个组织不可能井然有序。

避免"冲动病"的方法是事无巨细地进行讨论。例如对"成本中包括什么要素"这个问题进行分解。假设有A、B、C、D 4个要素。在此基础上，分析其中占整体成本的比率高、降低成本空间最大的是哪个要素。这样做，就能令大家的注意力集中在重要的问题上，避免忽略它们。

对"一刀切病"也一样。只要先把成本整体分解为几个要素，不是"A也实施，B也实施的撒网蛮干"，而是集中力量选出重要部分，并付诸努力。

★ "善于分解"就是"善于归纳"

当某个问题发生时，我们应尽量设想所有可能想到的对策，将它们整理和归纳为若干方案，然后进行排序，区分优先顺序。这就是问题解决型会议的基本流程。

其中，促动师承担的最重要的辅助职责是对提出的观点和构思进行整理。因为，与逐步进入白热化讨论状态的成员不同，促动师这样做的目的是退后一步，站在客观立场上观察讨论情况，这是促动师必备的技巧。此外，正因为有这样的促动师在，讨论成员才能静下心来，集中精神参加讨论。

后文将对此进行详细阐述，所谓整理，除了分解之外别无他法。万事万物只有"分解开来"，才能"明白易懂"；只有"明白易懂"，才能"容易归纳"。也就是说，"善于分解"就是"善于归纳"。

如果有这样一种人，他善于引导人们发表观点，但不善于总结……那么，首先他应该设法掌握"分解能力"。因为只要具备分解能力，无论多么复杂的观点，都能条理清楚地进行归纳。

2　明确讨论的整体概况

（1）整理的基础在于分解

★ "分解"和"分清"

在讨论中，仅围绕一个观点进行探讨的情况比较少见。一般情况下，往往是各种意见汇集，呈现一种复杂的胶着状态。

在这种状态下，很少有人能认认真真地进行讨论。也就是说，人类很不善于同时并行处理很多事情。

心理学上称之为"神奇数字7"，据说人类能够同时处理的项目一般在7个左右。所以，当众人争先恐后地各抒己见，观点增至10个甚至20个时，人的应对处理能力会急转直下。

但是，人类天生具备一种出色的能力。这就是将诸多意见分门别类地归为几大块，以此减少观点数量的战术。这样一来，不管100个观点,还是1 000个观点,可以把它们"大体归为3类"纳入脑海中。我们应该平时就注意训练,以掌握这种能力。

例如,这里正在召开一场以"我们公司相互之间沟通不够,具体表现在哪些方面"为议题的讨论。与会者各抒己见,提出下面的意见。

①同事之间喝酒聚会的次数太少。
②关于商品技术方面的问题,不知道询问哪个部门。
③关于技术问题的回复太慢,通常需要花2周以上的时间。
④不知道其他人怎样处理索赔事宜。
⑤总公司的人莅临生产现场的次数太少,一年只有1次左右。
⑥向部门内部上报的商品和其他商品的分类不明。
⑦几乎没有和其他工作岗位的人员接触过。
⑧即使碰上棘手的项目,也没有可以商量的地方。
⑨处理索赔花费的时间太长。
⑩采用文档格式向总公司上报索赔情况,但实际情况往往传达不到位。
⑪上报客户索赔要求的程序繁琐,需要4道盖章手续。

这种现状如果继续,大家可能会感到前景渺茫,"嗯,问题这么多……"因此,让我们试着将上述问题分解为若干组。

1) 沟通体制差
①联系规则不明确、不恰当
　　关于商品技术方面的问题,不知道询问哪个部门。
　　向部门内部上报的商品和其他商品的分类不明。
　　上报客户索赔要求的程序繁琐,需要4道盖章手续。
②问题应对责任部门处理所花费的时间太长
　　关于技术问题的回复太慢,通常需要花2周以上时间。

处理索赔花费的时间太长。

2) 没有信息共享

①总公司不了解生产现场的具体状况

总公司的人莅临生产现场的次数太少，一年只有1次左右。

采用文档格式向总公司上报索赔情况，但实际情况往往传达不到位。

②相互之间接触的机会过少

几乎没有和其他工作岗位的人员接触过。

同事之间喝酒聚会的次数太少。

③没有共享信息和方法

不知道其他人怎样处理索赔事宜。

即使碰上棘手的项目，也没有可以商量的地方。

怎么样，是不是整理得很清楚呢？如果"把这些意见大致分成2类，我们可以从5个具体的观点出发来展开讨论"，讨论的整体概况是不是清晰多了呢？只要减少意见的总量，我们就能发现遗漏的观点，继而看清整体的分布状况。

这就是通过"分解"，做到"分清"。所以，在日语中，"分解"和"分清"使用了同一个日文汉字。

★以整理为目的的2个基本动作

促动师通过对意见的分解和整理，使讨论的整体状况清晰可见。在此基础上，应进一步确认观点有无遗漏，检查整体状况是否失衡。接下来，通过明确每一个独立的观点在讨论的整体中所占的位置，对讨论体系进行清晰的梳理。

其实，整理工作不是交给促动师一个人完成，而是由促动师在和成员进行沟通的过程中，引导大家一起参与整理。此时，进行处理的方法有2种。

1）分解主题……基本动作⑦

一种从较大的切入点对论点进行粗略分解，再进一步细分的方法。即从"起点"进入的"上情下达"的路线。在本书中，把这种方法称为分解。

F：大体分成2类，会怎么样？如果再进一步细分呢？

2）意见分类……基本动作⑧

与分解主题相反，列举"首先"想到的问题，把相近的观点归到一起，再进一步统一成更大的分组的"下情上传"法。在本书中，将这种方式称为分类。

F：哪个意见和哪个意见相近？你能把相近的意见归入一个大组吗？

★ 运用上情下达法进行粗略分解

从"起点"入手分解，分为"大项目→中项目→小项目"。

设定一个场景，让大家围绕"明天野营需要携带的物品"这一议题进行思考。说明规则：不是用目录形式列举突然想到的物品，而是鼓励大家从宏观角度出发思考需要携带什么物品，例如：

①衣物　　②食物　　③宿营用品　　④工具　　⑤应急用品

按区别分解，建立"大分类"。在此基础上，进一步分解，衣物类包括什么，应急用品包括什么……

★ 运用下情上传法累积

与上例相反，另一种"首先"分类法是按"小项目→中项目→大项目"的顺序构建层次。我们还选用"明天野营需要携带的物品"这个议题。

```
上 ←——————————————→ 下
     大项目      中项目      小项目
     抽象、综合            具体、个别
```

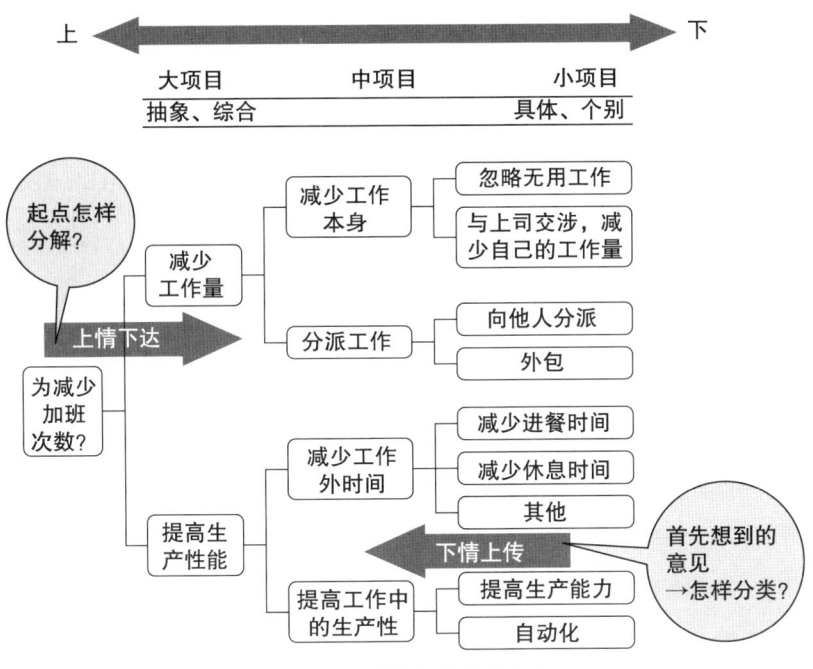

图 3-1　上情下达和下情上传

帐篷、睡袋、大米、羽毛球套装、内衣、拖鞋、肉类、烤肉架、食用油、游泳衣、游泳圈、钓竿、钓具、汗衫、短袖、手灯、扑克牌、饭盒……

先一股脑列出所能想到的物品后，再找出它们之间的共同点进行分类。

①衣服：内衣、衬衣、短袖、拖鞋、汗衫。
②食品：大米、肉类、食用油。
③烹饪用具：烤肉架、饭盒。
④宿营用品：帐篷、睡袋、手灯。
⑤游乐装备：羽毛球套装、泳衣、游泳圈、钓竿、钓具、扑克牌。

结果，得出的形式完全相同。

★ 哪一种方法更好

采用上情下达法分解的优点：不容易遗漏重大问题。而且，因为这种方法是在把握整体情况的基础上进一步细致操作，所以，能有效地分配思考时间。

但是，这种分解方法并非所有人都擅长。所以，从开始思考大分类的阶段，就会出现一些很难参与进来的人。

此外，这些大分类容易倾向于常规套路。如果促动师简单地使用现成的大分类（例如：衣、食、住）套路，可能本来有人会提出疑问"创可贴应该归到哪一类"，结果反而没有人提。可以说上情下达法的缺点是：不易提出创造性建议。

与上情下达法相对，下情上传法的分类是一种无论谁都会用的方法。此外，因为该法的第一步是列出所能想到的事物及现象，所以，大家容易各抒己见，发表各自的观点，这是下情上传法的优点。

但另一方面，在下情上传中，如果做事半途而废，可能会发生较大遗漏。即使像野营携带的物品这样的例子，从表面上看似乎分类过程进行得比较顺利，但像防虫药品和创可贴等紧急用品就容易被忽略。按下情上传法分解时，我们很难注意到这样的遗漏问题。

还有一种常见情况，比如：大家本来应该把时间花在讨论紧急用品怎么办的问题上，结果却在花时间讨论娱乐装备等细节问题，白白耗费时间。娱乐用品带不带本身关系不大，大家应该把讨论这个问题的时间用在其他重要地方。因为，花费过多时间讨论可带可不带的物品，势必会影响到讨论的整体时间。

像这样，无论上情下达法还是下情上传法，每一种方法都有利弊，我们只能具体情况具体对待。或者，采用一种方法操作，再用另一种方法检查。无论如何，作为一个促动师，不管哪种方式，都应该试着掌握。

	上情下达	下情上传
思考模式	·演绎式思考（原本……）	·归纳式思考（首先……）
推进方式	·对主题不熟悉时进展困难 ·有时，在切入点会发生争执 ·一旦开始，不好进行修正	·即使不熟悉主题也能进行 ·在问题交会点发生争执 ·反复试行
特征	·采用现有框架，不易提出创造性建议 ·能在短时间内完成 ·一般不易遗漏	·不用现有框架，容易提出创造性建议 ·费时 ·一般较易遗漏
注意事项	·熟悉主题者切忌随心所欲 ·按最初设定的架构进行，反而容易遗漏	·开始阶段不统一，后续阶段难以归纳 ·在思考新归纳法方面占优势

从上向下开门见山！　　从下向上一点点地累积……

图 3-2　上情下达和下情上传的区别

（2）基本动作⑦　分解主题

★养成运用逻辑树思考的习惯

　　经过分解整理，最终的结果是："大项目→中项目→小项目"这种层级结构。

　　现在，让我们围绕降低成本这个议题展开讨论。在生产成本一项中，既有销售费、开发费、物流费、仓库使用费和送货费，还有送货卡车所需的燃料费以及人事费。如果把这些因素一并列入同一层级（列），肯定不协调。

　　如果对物流费进一步细分，可分解为仓库使用费和送货费，再对送货费进一步细分，可分为燃料费、人事费、车辆租赁费、道路使用费……像这样，各个构成要素之间存在着包含关系和上下关系。

对这个结构或层次进行描述的同时展开分解，就会得出一个树状（金字塔）结构。我们把这种图解法称为逻辑树。对多层次结构进行分解时，运用逻辑树非常方便。

```
成本 ─┬─ 总公司基础费
      ├─ 销售费
      ├─ 开发费
      ├─ 生产费
      └─ 物流费 ─┬─ 仓库使用费
                 └─ 送货费 ─┬─ 燃料费
                            ├─ 人事费
                            ├─ 车辆租赁费
                            └─ 道路使用费
```

图 3-3　逻辑树

运用逻辑树时，事物的整体形象一目了然。此外，大家正在展开的讨论是提纲挈领式的概括，还是围绕细枝末节在进行讨论，以及各论点之间的关系如何等，运用逻辑树法分析的话，这些问题都会更加清晰。

★ 在认识 MECE 的基础上分解

到此为止，本章阐述了分解工作的重要性，但是，并非所有的分解都是正确的。

比如，我们把成本分为 A、B、C、D 4 项。如果希望避免重要问题被遗漏，只要用 A、B、C、D 4 项来包括成本的所有方面，就不会遗漏了。

此外，如果你锁定了"B 问题更严重，而不是 A"，若此时 A、B、C、D 4 项相互重叠，就会带来不便。此外，当 4 项相互重叠，如果围绕某一课题，既要对 A 项也要对 B 项展开讨论的话，就会浪费讨论时间。

也就是说，当你进行分解时，请遵守"不重叠、不遗漏"的原则。英文为 MECE（Mutually Exclusive Collectively Exhaustive），即逻辑思维（批判性思维），是教科书中必然涉及的概念。

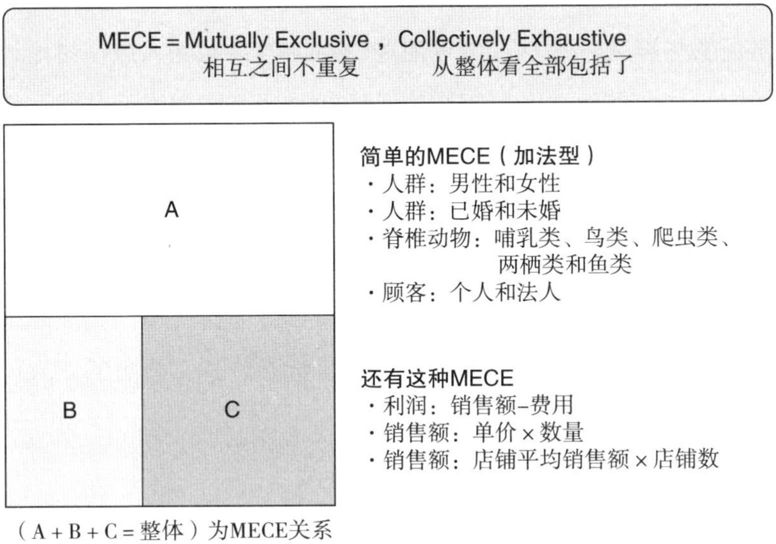

MECE = Mutually Exclusive ， Collectively Exhaustive
相互之间不重复　　从整体看全部包括了

简单的MECE（加法型）
- 人群：男性和女性
- 人群：已婚和未婚
- 脊椎动物：哺乳类、鸟类、爬虫类、两栖类和鱼类
- 顾客：个人和法人

还有这种MECE
- 利润：销售额－费用
- 销售额：单价×数量
- 销售额：店铺平均销售额×店铺数

（A + B + C = 整体）为MECE关系

图 3-4　MECE 就是不重叠、不遗漏的原则

促动师应注意避免让会议一下子陷入围绕单个项目的细节问题进行讨论的情况（在运用上情下达法分解时，这一点至关重要），同时，设法引导大家进行不重叠、不遗漏的分解。

F：请大家先别忙着一个一个地列举项目，首先让我们试着从大的方面入手，看看能分为几类。

F：分成 A、B、C 3 类是吗？那么，有没有遗漏的项目呢？

F：现在，大体定为 A、B、C、D、E 5 项。怎么样，这几项之间是否重复？

F：B 项和 C 项是否重复？比如，好像某某放在哪一项都说得通。

★构建 MECE 逻辑树

构建 MECE 逻辑树有几个窍门。

1) 切入点保持一贯性

常见的失误之一是从顶层构建逻辑树结构，而切入点在讨论过程中发生转向。如前例所述，最初按项目经费对生产成本进行分类，但在讨论过程中逐渐转向按"10 万日元以上或以下"的金额进行分类，以及按"容易降低的部分或不容易降低的部分"来进行分类。这样一来，大家的思路就会发生混乱。

构建逻辑树结构的基本原则：如果按经费项目分类，到最后一直使用经费项目划分；如果按金额就一直使用金额划分，分类的切入点要保持一贯性。

2) 各层级的上位概念是下位概念的归纳

提到物流费，只包含仓库使用费和发货费 2 项；2 项加起来，物流费的情况将十分明确。请特别注意是否缺少什么，即有无遗漏。

3) 各层级的水平保持一致

大项目和小项目不能在同一层级并列。例如，分解成本时，如果把开发费用、制造费用、宣传册印刷费、燃料费等因素列在一起，销售费用中的大部分内容就会漏掉。各层级必须整齐划一，宏观话题不能和微观话题放在同一层级。

4) 各层级的项目数为 3 项左右

当项目数少于 7 项时，无论多少都无妨，2~4 项是人体大脑最容易接收和处理的数目。如果项目数只有 2 个，应考虑有无其他遗漏的项目；如果项目数超过 5 项，应酌情考虑是否一个层级容纳不下。在这样排列的过程中，可以建起结构稳定的逻辑树。

★探求更好的分解方式

MECE 分解不是粗略的拆分，其分解方法无穷无尽。例如，在分解成本时，如下所示，有各种各样不同的切入点。

①变动费用、固定费用。
②总公司费用、分公司费用。
③总公司基础费、销售费、开发费、制造费、物流费。
④（1个项目）低于 10 万日元或高于 10 万日元，低于 1000 万日元或高于 1000 万日元。

那么，什么样的分解方法更好呢？

当你的目的是掌握讨论的整体情况并选出所有必要项目时，无论哪一种分解方式都没有太大区别。但是，当你必须锁定某部分重点内容时，分解方式不同，会产生很大差异。

让我们还是从减少成本的例子入手分析。例如，采用变动费用或固定费用的项目进行分解，我们可以明确地看到：无论变动费用还是固定费用，二者均呈增长态势。这样一来，就无法锁定重点问题。另一方面，如果采用总公司的销售费、开发费、制造费、物流费等项目进行分解，我们就能清晰地看到：只有物流费一项呈增长态势。这样的话，就可以先从物流费一项入手分析，重点问题自然就被锁定了。

像这样，有助于锁定重点问题的分解就是好的分解。但令人遗憾，这种分解法的缺点是：如果没有经过分解并对各组成部分进行详细调查取证的话，是无法做出最终判断的。也就是说，锁定重点问题的分解方式需要反复试行，如果能够顺利锁定问题当然好，如果无法锁定，只能重返起点状态，探讨其他分解方法。

为此，很有必要确保多个切入点。详细内容请参照本书第 5 章。

F：至此，我们已经进行了大致分解。那么，如果要从中锁定"某部分为重点问题"，应该是哪一部分呢？

F：结论是全部不可行，那么，让我们试着想想有没有其他切入点？

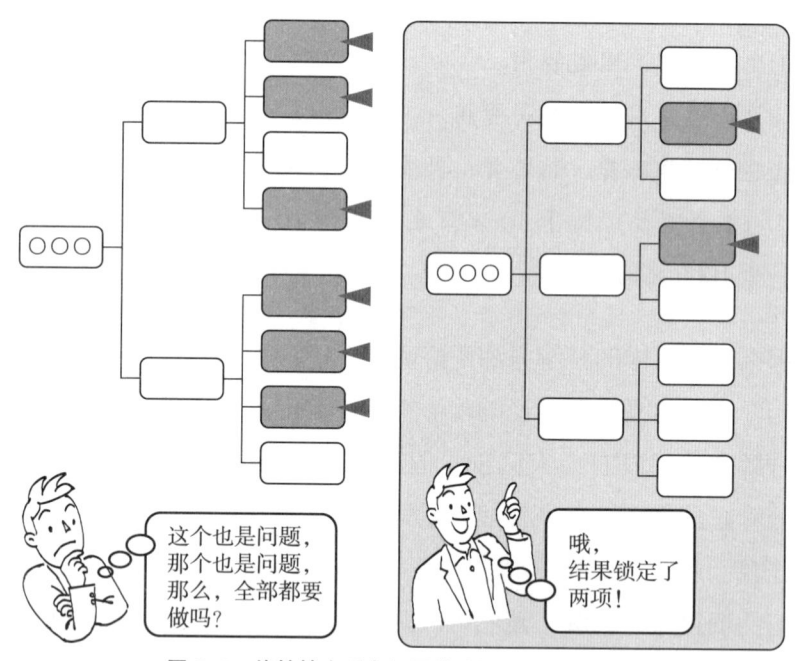

这个也是问题，那个也是问题，那么，全部都要做吗？

哦，结果锁定了两项！

图 3-5　能够锁定重点问题的分解就是好的分解

★ 用更好的表述使模糊不清的词语具体化

第一章已经阐述了"让模糊不清的词汇具体化"的问题。

实际上，具体化的操作对分解工作很有帮助。因为，词语的具体化能让抽象性或一般性词汇（Bigword）落实及分解成更具体的要素。

比如，当大家围绕"选择更好的创意"展开讨论，话题进行到"'更好的创意'是什么"这个问题时，促动师应该间不容发地向成员提出问题："更好的创意具体指什么呢？"然后在收集了意见的基础上，再把"更好的创意"分解成具体要素。

F：有道理！具体地说，具备"意外"、"能理解"、"忍不住发笑"3点就是更好的创意，是吗？

开始"更好的创意"这样的表述太抽象，大家对于它的认识可能比较分散。经过处理，该词的具体性增加，从而使大家的认识得到统一。

但是，笔者认为：仅仅这样，可能有人会提出"这不符合MECE"的反对意见。尽管如此，只要是"意外"、"能理解"、"忍不住发笑"这样的主题，大家对结果大致会认可，分解工作能做得很充分，我们没有必要拘泥于MECE。

话虽如此，不是越过MECE，而是使措辞尽量接近它，请试着在词汇的押韵上多下功夫。沿用上面的例子，与"意外"、"能理解"、"忍不住发笑"相比，"令人惊讶"、"让人心领神会"、"让人开心"的描述似乎更符合MECE。

此外，用更好的描述进行分解是诀窍。即使你想用某个完美的词汇恰到好处地进行分解，也不见得能够如愿。当找不到贴切的名词时，用说明性词语也没有关系。针对一个抽象词，请试着把它分成3个词，看看实际效果如何。

F：我们公司的"顾客至上主义"是指什么呢？能不能具体点，比如像"企业的三个支点"这样落到实处呢？嗯，有道理，一个是"避免自卖自夸型商品"。

★分解并锁定论点

这样一来，可以把论点分解为MECE，检查有无遗漏，在白板上进行整理，然后运用树状结构对讨论内容进行梳理。

例如，在发言者中，有的人会同时提出"我认为应该探讨……对了，还应该探讨……"几项内容。"我一定要抓住这个机会一吐为快"，似乎抱有这样想法的人为数不少。

此时，洋洋洒洒大谈己见的本人可能感到很痛快，然而，其他成员不那么想，首先应该把哪个作为论点呢，有时，甚至大家会把最初说过的论点等忘得一干二净，想必这种情况很常见。

这时，促动师应一边指着白板上的树状图，一边对发言进行整理，然后在此基础上，排出讨论的优先顺序。

F：现在的问题是这个、这个，还有这个，接下来让我们按顺序逐个探讨，好吗？

F：等等，现在有几个问题，我们能不能确认一下？是……和……吗？

F：你列举了几项，能不能从第一项的……开始呢？

图 3-6　排出讨论的优先顺序

专栏3　社长不好

下面这种情况经常发生，当大家围绕公司的大方向问题展开讨论时，最后总是把问题推到"社长不好"上。也就是说，当我们一个劲儿地追问"为什么"时，目的地往往是"社长不好"。局势进一步发展，就成了"养育社长的母亲不好"，干脆追溯到社长的祖先身上。常言道，"解决问题的关键在于分析原因"，那么，归根结底，到底是什么地方不好呢？

巧妙解决问题的技巧不是一下子冲向"分析原因"，而是脚踏实地地"对什么地方不好进行分析"。在问"为什么（Why）"之前，如果对"哪儿（Where）"的分析不到位，就会得出这样奇怪的结论。

例如，当大家突如其来地针对"为什么间接管理费这么多"这个问题展开讨论时，一定会冒出很多如"课长下达的指示不对"，"大家对减少间接管理费的认识不足"，"管理部门占用本来属于开发部门的费用"，"搭乘出租车的次数太多"等等纷繁复杂的意见。而且，这些提议大多属于原因真假难辨的备选意见。很难分辨哪个意见是真正的原因（分析原因对于人类而言本不擅长）。

第一步，我们应该针对"为什么间接管理费这么多"这个问题展开讨论。直白地讲就是运用"分解→集中锁定"的方法。如果以这里的讨论为例，既可以锁定论据（数值数据等），又不至于追究谁的个人责任。

促动师的重要职责之一：监督大家是否迅速转向分析为什么（Why），并设法控制局势。

F：等一下，现在我们应该集中思考"什么地方不好"这个问题。

F：你的发言是在分析"为什么"吗？这个问题我们可以放在稍后讨论，先把它放在一边。

（3）基本动作⑧　意见分类

★只能反复试行

运用下情上传法分类整理时，最终得到的形式为同一种树状结构。

首先要原封不动地公开大家的意见，把相似的意见集中起来，从这个环节开始。如果条件允许，促动师不要自行归纳，请一边听取大家的意见，一边进行归纳。

意见是否相近只是感性认识，不必对此太敏感。并且，想法改变时，对意见关系远近的判断也会随之变化。

让我们重新回到成本的例子上来，关于送货费和广告宣传费两项，如果从物流费和销售费的角度看，两项种类各不相同；如果从固定费用和变动费用的角度看，它们就是同一种。因此，开始阶段我们应该从各种角度出发，对各因素之间的远近关系做出判断，分而合，合而分，反复试行，直到找出稳妥的分法。

反过来讲，促动师不宜拘泥或束缚于最初想到的分类方法。如果觉得不合适，就打乱重来——培养反复试行、坚忍不拔的耐性很重要。

F：哪个意见和哪个意见接近？
F：这个意见，是不是和刚才的那个意见相近？

★正确使用便笺

对意见进行分类时，有一个办法很简便，就是在大开本便笺（常用75mm×75 mm 和 76 mm×127 mm）上列出意见后加以整理。如果全体成员能够平等地提出观点（少数人很难垄断发言 & 不擅长发言的人也容易发表意见），这也是一个好办法。

使用便笺的要点请参考同系列书目《向会议要效益2：视觉化你的会议》。与分解相比，擅长分类的人在参加会议时请务必携带一本便笺。

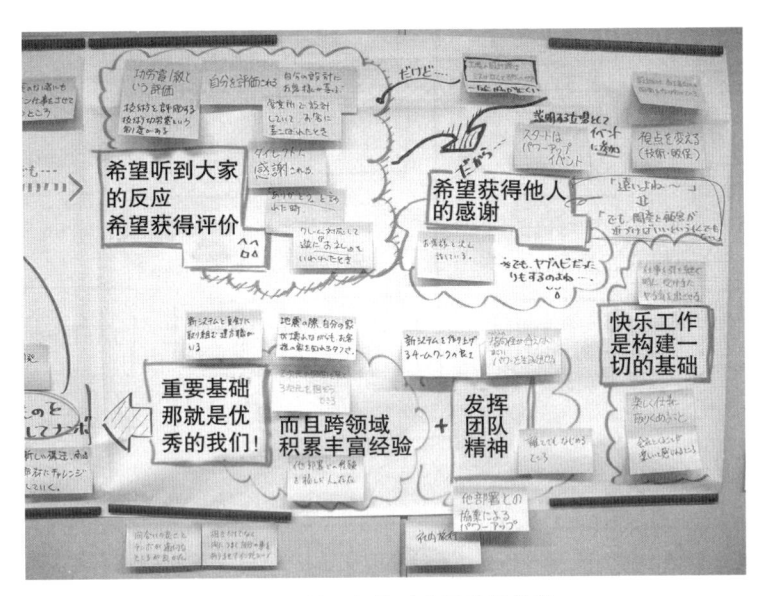

图 3-7　使用便笺对意见进行分类

★不怕麻烦照实分组是一个窍门

接下来，内容相近的观点已经集中在一起，这时的窍门是：不要试图对很多观点和项目进行一次性归纳。我们经常看到的情况如下：或者"这个也是'固定费用'，那个也是'固定费用'"；或者白板上列出的半数观点被一并归入一个组。这样一来，就不得不运用上情下达法重新进行分解。上情下达的缺点在于会按常规思维模式分解事物。

F：等一下。不要急着归入一个大组，你可以先试着按照实际情况分组，好吗？

我们公司会议的重点问题是什么

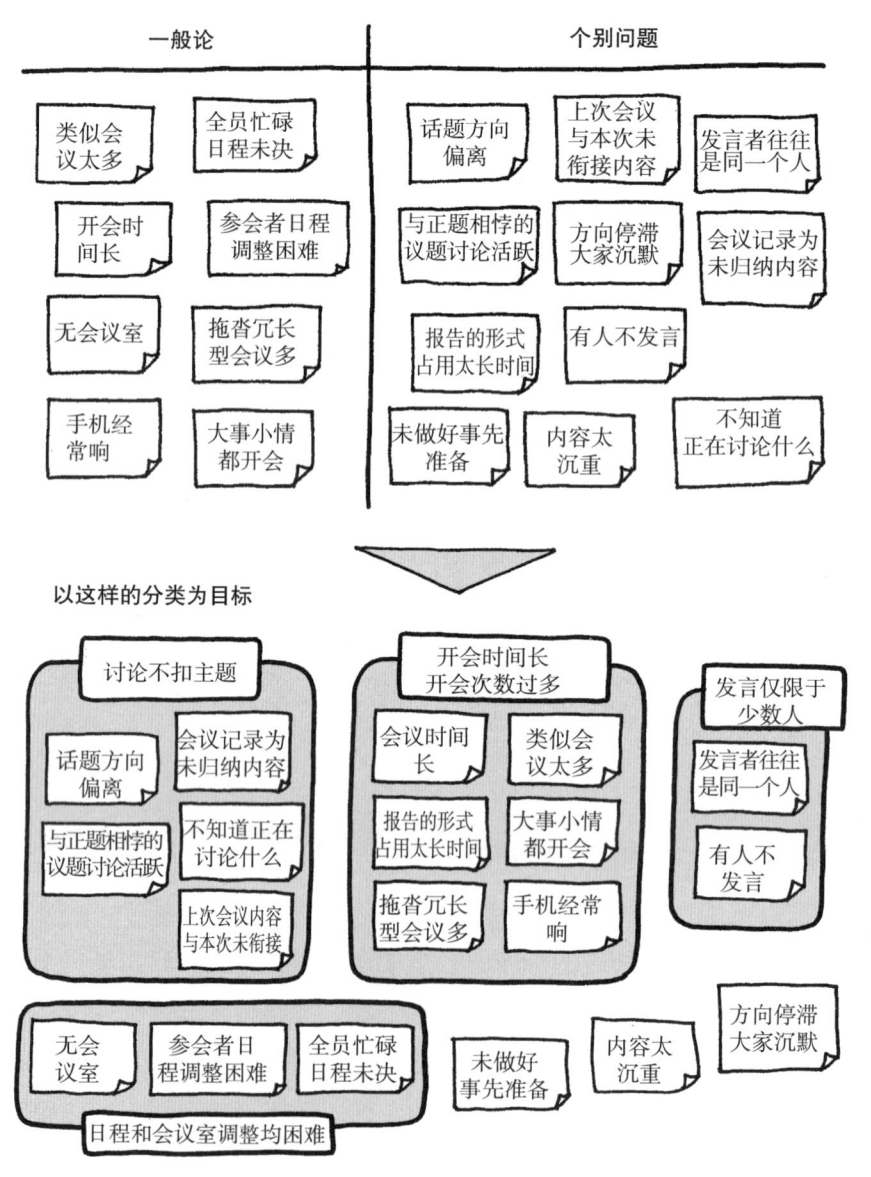

一般论	个别问题

一般论：
- 类似会议太多
- 全员忙碌日程未决
- 开会时间长
- 参会者日程调整困难
- 无会议室
- 拖沓冗长型会议多
- 手机经常响
- 大事小情都开会

个别问题：
- 话题方向偏离
- 上次会议与本次未衔接内容
- 发言者往往是同一个人
- 与正题相悖的议题讨论活跃
- 方向停滞大家沉默
- 会议记录为未归纳内容
- 报告的形式占用太长时间
- 有人不发言
- 未做好事先准备
- 内容太沉重
- 不知道正在讨论什么

▼

以这样的分类为目标

讨论不扣主题
- 话题方向偏离
- 会议记录为未归纳内容
- 与正题相悖的议题讨论活跃
- 不知道正在讨论什么
- 上次会议内容与本次未衔接

开会时间长 开会次数过多
- 会议时间长
- 类似会议太多
- 报告的形式占用太长时间
- 大事小情都开会
- 拖沓冗长型会议多
- 手机经常响

发言仅限于少数人
- 发言者往往是同一个人
- 有人不发言

日程和会议室调整均困难
- 无会议室
- 参会者日程调整困难
- 全员忙碌日程未决

- 未做好事先准备
- 内容太沉重
- 方向停滞大家沉默

图 3-8　这种大型分类不适用

此外，如果你不知道应该把某个观点归入哪一组，请不要强行归纳，先把它单列出来。

一旦开始分组，我们会习惯性地被必须把某个新观点归入某一组的错觉所误导。这样归类的结果是各种不同的观点鱼龙混杂，大家不得不重新进行讨论。

当你苦恼于不知道该把某个观点归入哪一组时，可以认为这个观点是比较特殊的一个，让它埋没在其他观点中比较可惜。

什么意见和什么意见可以归入一组，对此，促动师应该始终保持怀疑的态度去审视。此外，如果发觉有"这些意见相近，不妨归到一个组吧"的迹象时，应设法阻止事态进一步发展。

F：现在，不要把这个意见和这个意见归到一个组，好吗？

F：这个意见和这3点是不是不太一样？

可以这样考虑，最初的分组步骤不宜耗费太长时间。只要能大致辨别需思考的观点和遗漏的观点即可。一旦发现这些观点，就再次重返选择构思的原点。在这种反复实践的过程中，我们应该能发现稳妥的好的分类。

F：好的，我们暂且用这个进行分类。接下来，请以你认为遗漏的意见为中心试着重新构思。

此外，如前所述，因为在下情上传时难以形成 MECE。所以，当你运用下情上传法完成分类时，请务必对观点有无遗漏再次进行确认。即便如此，与上情下达时相同，只要大致符合 MECE 即可。不过，这在归组时会受到归纳性词语的较大影响。关于这个问题，将放在下一章详细阐述。

3　确认一下你的整理能力

（1）确认理解能力的练习

★实战练习：社员旅行去哪儿最好

假设这里正在召开一场关于社员旅行目的地的讨论。大家的提议似乎不少，该如何较好地归纳这些意见呢？

A：我坚决建议去京都。在红叶笼罩下的寺庙和神社中漫步，光听起来就很有吸引力。另外，京都古老的街道，高山环抱，风景绝佳。而且，趁有高山庙会这个时机去正好。

B：但是秋天的京都，不管是哪里都人满为患。寺庙里拥挤不堪，交通堵塞……首先，听说预订宾馆就很不容易。大家都想舒舒服服地放松一下，所以安静一点的地方比较好。

C：如果说安静一点的地方，那就只有温泉了。比如，热海怎么样？近来，那里似乎人气不错。此外，还有鬼怒川和越后汤泽。不管去其中哪个地方，从东京出发用不了两个小时就能到达。

A：关键是距离近。路途中花太长时间，人容易疲劳，在景点游玩的时间就少了。去京都也一样，只要乘坐新干线就行，离东京很近。

B：如果说去热海或鬼怒川，我觉得选热海更好。在那儿还能美美地品尝鲜鱼大餐，饮食也是构成旅行的重要因素哦！吃饭问题决不能将就。而且，热海还有很多不错的宾馆……

C：但那样一来，时间全耗费在宴会上了。如果那样，还不如在东京举行。既然特意选择旅行，如果目的不是为了增进员工之间的关系，那么，大家在一起干什么。

A：有道理，吃喝过后热闹一番太没新意了。那么，我们不如去志贺高原，在漫山红叶中散步怎么样？轻度运动，出一点汗，然后，好好地在草津温泉里泡泡，让身心都能彻底放松。

图 3-9　未经整理的讨论

C：那样对防治代谢综合征可能不错。但是，那儿是不是有点远？而且，我们这么多人租一辆大巴有点紧张吧……

B：是啊。嗯，选地点真不容易……我觉得脑子里一团乱麻，一点头绪也没有。谁能把这个问题整理一下？

★明确论点结构

在这场讨论中，无论旅行地的备选方案，还是需要考虑的问题都层出不穷，但问题到底是什么，有一种让人摸不着头脑的感觉。如果不停下来对讨论进行整理，逐个击破，是无法得出结论的。

论点大致分为 3 点。

①旅行的方向（目的）是哪儿。
②采用什么形式旅行。

③必须满足什么条件。

在围绕这3点进行讨论的基础上，锁定具体的候补方案。

1）旅行的方向（目的）是什么

列举下述3项。每一项都是重要目的，如果条件允许，应全部满足。

①-A　舒舒服服地休息

①-B　加深员工之间的沟通

①-C　运动后放松（顺便预防代谢综合征）

2）采用什么形式旅行

这个问题也大致分为3项，是影响旅行目的地的重要因素。

②-A　探访名胜古迹的观光旅行

②-B　泡温泉、品美食的温泉旅行

②-C　漫步山野、放松身心的户外旅行

3）必须满足什么条件

对必须满足的条件可列举下面3点，并删去无法满足条件的目的地。

③-A　住：住宿设施

③-B　行：交通手段、路程所需时间

③-C　食：饮食、宴会

接下来，若把这些观点组合起来，得出京都、高山、热海、鬼怒川、越后汤泽、志贺高原（草津）等具体备选方案。只要分析哪个备选地满足哪一项条件，就能得出结论。讨论过程中也可能冒出新的备选方案。

如图3-10所示，使用架构更容易得出结论，因此只要按这种形式分类整理，就能展开合理的讨论。

像这样，从表面上看似复杂的讨论，只要统一切入点后再进行整理，就容易理解了。通过该练习，如果能体会到这一点即可。

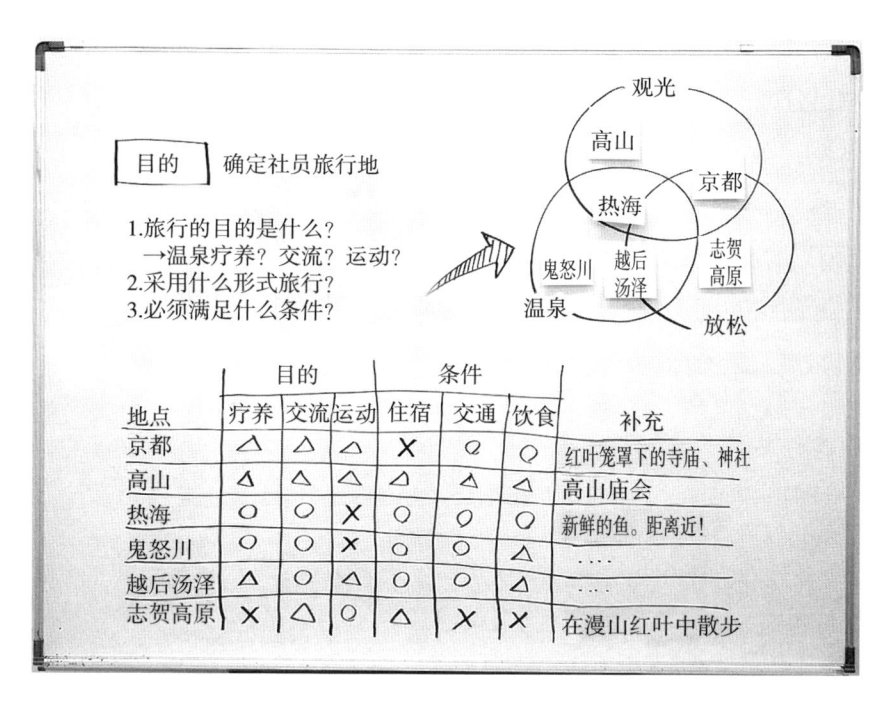

图3-10　整理意见

（2）提高整理能力的训练

★一概分解

请对日常生活中想到或碰到的一切事物试着进行分解。

看书时……请你按作者的拼音排序、重要性、横排或竖排（注：排版格式）等进行分解。看到新员工时……请你按每个人的出生地、毕业院校、斗志外露或内敛等进行分解。企划案提交日期迫近时，请你按内容、结构、组织安排等对"优秀企划案的要点"进行分解。

选择在上下班坐公交车时进行练习最理想。此外，请不要满足于一种分解方法，至少考虑两种以上，练习才能收效。

★姑且分成3项

随机选择一个词。例如："工作站"、"主持讨论"、"金融危机"、"拉面"、"优秀企划案"等。

把选定的词语分解成3个，注意拆分后的3个词组合起来能够说明原词。如下例所示。

工作站＝"参加"、"协作"、"学习"
拉面＝"面"、"汤"、"配料"

3个词的重要程度相同，相互之间不重叠。而且，任何一项欠缺都不行。在注意这些问题的基础上进行练习效果会更好。

该练习的升级版是把步骤及过程分解成3个阶段的练习。例如，以"制作拉面"为例进行拆分。

"煮面→加入汤料→放入配料"

按这种分解方式在"组织变革3个阶段"、"降低成本3个阶段"、"研究开发强化3个阶段"等讨论中设置议题，你就会发现实际应用效果会很不错。

★在注意层次结构的同时，试着分成3个要素

该练习是分解3个要素的强化训练。

具体练习方法：把一个词分成3个，拆分后的词再进一步分成3个，直到建起树状结构。如图3-11所示，对"结婚"一词进行分解。

前面大家已经掌握了逻辑树结构的二段式分解，但可能还没有做好分解至三段的思想准备，该训练是以此为目的的最佳练习。

此外，不要用树状结构，请选择与该练习相似的"2×2矩阵结构"试着分解，也有一定效果。

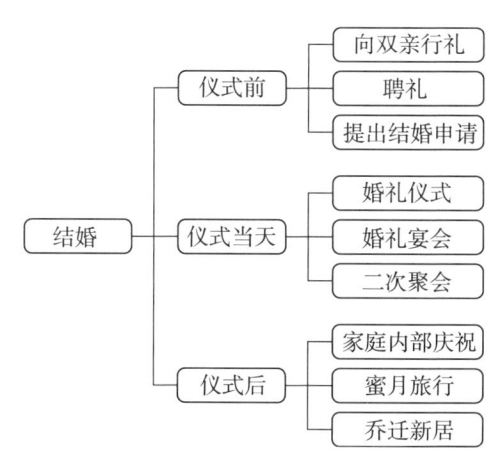

```
           ┌─ 仪式前 ──┬─ 向双亲行礼
           │          ├─ 聘礼
           │          └─ 提出结婚申请
           │
    结婚 ──┼─ 仪式当天 ┬─ 婚礼仪式
           │          ├─ 婚礼宴会
           │          └─ 二次聚会
           │
           └─ 仪式后 ──┬─ 家庭内部庆祝
                      ├─ 蜜月旅行
                      └─ 乔迁新居
```

图 3-11　3×3 分解法

★灵活运用分类的智慧

集中 15~20 个名词，如点心、蔬菜、地名、动物等等，开始可以是同范畴的名词，例如：猴子、猪、蜜熊、猫、狐狸、狗、大象、老虎、狐狸、狮子、鹿、土狼、松鼠、鼯鼠、豹子、猎豹、狼、水獭……

先把这些词分成 3 组，为各组冠名。一般来讲，只用单纯的名词不好命名，必须考虑更恰当的用词。

★便笺练习一

下情上传式练习。参会者围绕某个主题在便笺上写出自己的意见，准备 20~30 条，对这些意见进行分组。不要一口气设定较大的分组，请按照实际情况自下而上层层积累，最后整理成一个逻辑树结构，这是该练习的重点。

促动师给出一个推荐题目。以组织理念、具体展望或行动规范为题材。列举其中模糊不清的用词或一段话，当提出"这个词或这段话，具体指什么，或是要做什么"的问题时，就会发现大家的认识正在逐步统一。

也可以组织成员观摩某个影像专题，例如："项目 X"、"专业工作流程"等，鼓励大家各抒己见。

★便笺练习二

把参会者分成两组。设定同一主题，一组按便笺练习一进行，创建逻辑树。

另一组暂时不要在便笺上写出意见，先按上情下达"原本起点这样分解"的方式把主题分解成第 1 段，然后创建第 2 段。进一步按上情下达法把第 2 段分解至第 3 段。然后，让组员各抒己见，最后按逻辑树结构进行整理。

对比两组的结果，同时所有人围绕"什么地方有差异"、"有无遗漏观点"、"双方做法的利和弊各是什么"等展开讨论。

★便笺练习三

①大家围绕某个主题在便笺上写出各自的观点，收集 30 条左右，随机排序。

②如图 3-12 所示在白板上建表，把所有问题分成 5~6 项。

③逐页翻阅便笺，把观点填入该表。不是等得出全部观点后统一分组，而是逐条即时分组。

从练习一开始就限定分成 5~6 组，这也成为一种分组练习。

④分组结束后为各组冠名。组名应能回答或表现主题（这一点放在本书第 4 章阐述）。

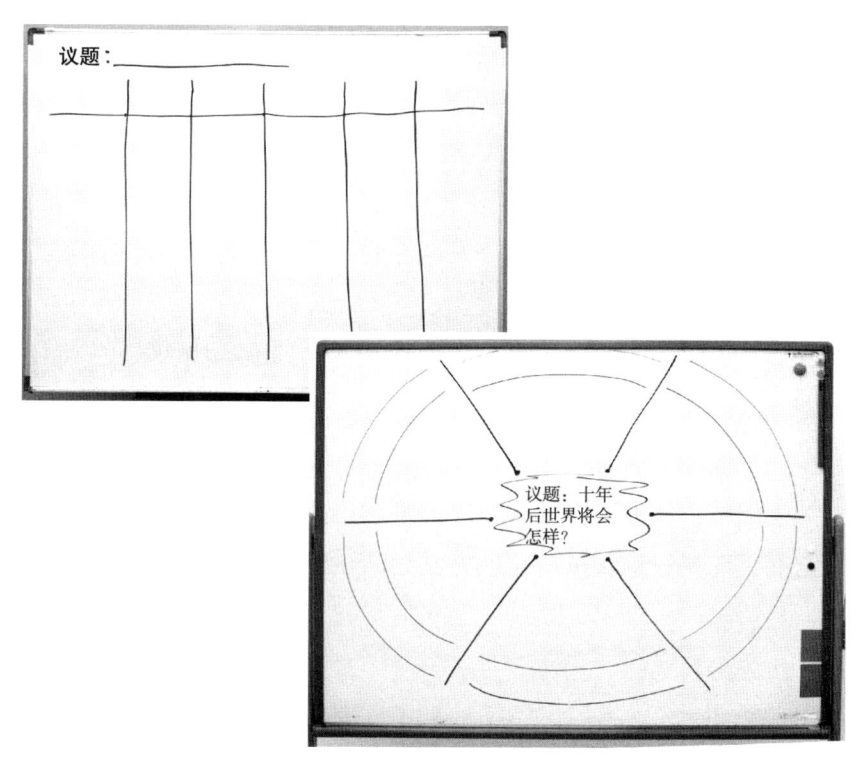

图 3-12　提前建表，分组整理意见

★ 分类练习

分类练习用于自己发言机会不多的会议。如图 3-13 所示准备一张表格，思考大家的发言都表达了什么样的观点，论点是什么，对这些内容进行分类。

图 3-13　用表格对论点进行分类

4　现场实战之整理技巧

（1）难以整理时的突破法

★ 灵活应用架构

笔者认为：整理意见时最令人苦恼的问题应该是选择什么样的切入点，才能条理清楚地进行整理。

其实，最常用的方法不是促动师临时抱佛脚地寻找切入点，而是套用世间常用的代表性切入点。我们把这种切入点称为架构。你记住的架构越多，整理能力就越高。

关于架构，将在本书第 5 章详细阐述。在这里，我们不是从零开始学习它们，而是针对现成可用的方法进行说明。

★ 第一步先分解

不能用架构解决问题时，你必须思考怎样进行分解。首先，采用（上情下达）法进行分解，还是采用（下情上传）法进行分解？请选择你擅长的一种。

选择前者的人如果觉得一步到位地构建树状结构有困难，可以先试着分成 2 级或 3 级。这也有几种分法。实在不好分的项目请按其他项目进行归纳。照此操作，逐级分解，直到最后选择清晰的切入点即可。

此外，分类也是一样的。你不必考虑太多，请把观点分成若干组。组名稍后决定也没关系。只需不断地分组，直到最后，设定恰当的切入点即可。

★共享整理的过程

如果连这样做你也觉得困难，就只能求助大家的力量了。如前所述，促动师没必要孤军作战地对观点进行整理。不仅如此，让大家参与进来，既容易汲取更多的智慧，对整理的认同感也会更高。促动师应该不耻下问，放下架子寻求大家的帮助。

F：从现在开始，我们将围绕某某议题展开讨论，从什么切入点入手，大家有什么好的意见吗？

F：大家提出了很多意见，怎样进行归纳，大家有什么好的整理方法吗？

与此相关的常见失误是：促动师引导成员提出了很多意见，却主动请愿"到下次例会前由我负责整理"。

笔者也曾经历过这样的事，花了一晚上时间整理出几百张便笺。等到次日拿给大家看时，却听到这样的意见"对不上啊……"。结果只好全体动手，重头再来。

作为促动师，虽然自己主动承担责任，一个人边思考边进行细致的整理值得肯定，但是，如果你把整理得出的结果突如其来地摆在大家面前的话，难免令人不知所措。这是因为你没有与他人共享整理过程，别人也不知道你所做的工作是否恰当。对结果认同感自然降低。

请牢记一点：即使时间仓促或地点不当，如果可能，请尽量选择与他人同一时间、同一地点进行整理，这样会大大提升他人的认同感。

（2）怎样一人身兼三职

★促动师组合

在实际会议中，我们一般不会想起 MECE 等理论，大家畅所欲言，促动师的职责就是整理。有时，你可能不方便把便笺发给大家并提出要求"请把你的观点写下来"。这时，促动师必须身兼三职：一听取大家的发言，二在白板上书写，三对观点进行归纳整理。下面教你几种克服这种困境的方法。

最简单的办法是选出两名促动师。一个人进入现场，负责引导大家发言，深入探讨问题。这是第1章和第2章谈到的促动师的职责。

另一个人与讨论现场保持一定距离，负责在白板上一边记录大家的意见，一边整理。与会场保持距离，有助于从客观角度出发，思考怎样对观点进行整理。这正是旁观者清的道理。

在此基础上，这名促动师需要"讨论进行到这个阶段，大致可以这样整理"暂时打断会议进程，让大家了解会议的整体情况。如果发现遗漏的视角和思路偏离，也可以打断讨论过程。这就是本章所述的促动师的职责。

请试着想象一下播音员和解说员承担的工作，这里的促动师组合是否与他们有相近之处呢？但是，在相互配合推动会议进行的基础上，如果两位促动师之间不够默契，反而起不到相应效果，这一点请注意。

★提前思考

如果找不到另一名搭档促动师，就没有办法了。你只能设法一人身兼三职。

此时，你需要提前进行思考"如果议题是这个，我应该怎样分解"，"我可能会听到什么意见"，"我应该怎样分解某个观点"等等。

也就是说，在引导大家各抒己见的同时，你必须尽量发挥自己的最大知识储备，同时并行概括、在白板上书写等工作。如果可能，请采用提前准备分解和分类方法，记在便笺上以备随时使用等作战策略。

这样一来，促动师就能从现场被动思考的压力下解放出来。此外，参照第 2 章所述，这种作战策略对于论点所处的立场一样适用。赞成派基于什么立场阐述己方的论据，反对派怎么样……你需要提前对各种可能做好心理准备。

但是，这种方法也存在风险：促动师容易套用自己设想的架构。关于这个二难推理问题，将在第 5 章中详细阐述。

★记住曼陀罗思考法

因为工作太忙，你没有时间提前思考，或现实总不按你设想的情况发展。这时，建议你运用曼陀罗思考法（起源于佛教，由日本今泉浩晃博士加以系统化利用后，成为一种实用的计划工具。——译者注），在白板或模造纸上进行描述。

曼陀罗思考法是一种收集来自四面八方意见进行描述的方法。该法应用范围广，不管主题是什么，或者讨论不合逻辑，曼陀罗法都能进行相应的整理。

首先，在白板中心写下讨论的主题。比如："我们公司沟通不到位的原因是什么?"

其次，当大家提出意见时，促动师把内容相近的写在一起，关系较远的拉开距离。笔者的经验法则是：一般情况下，把白板分成 6 个区，分别在各区填入相近的意见，这样恰好能涵盖整个问题。用线条把内容相近的意见连接起来，或用边框圈住，这样的处理更有助于理解。

像这样，当意见大致汇总时，白板上的内容也基本整理完毕。但是，从表面看书写的内容可能显得杂乱无章，看不清楚。这时，促动师可以选择会间休息时间，采用树状结构替换这些内容（一人身兼三职的另一个窍门就是利用休息时间，进行整理作业），这样，讨论会进一步深入。

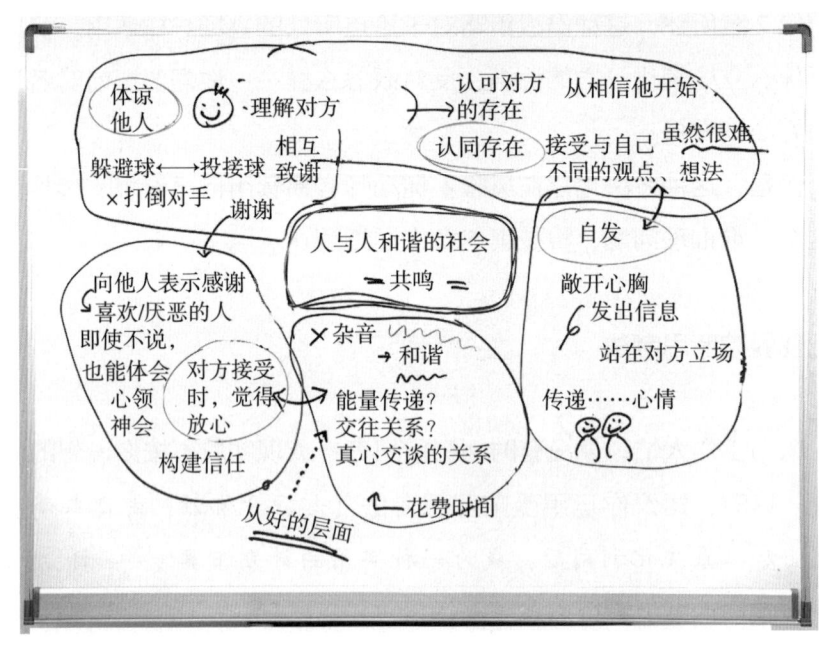

图 3-14　采用曼陀罗法描述

★ 促动师在便笺上记录

还有一种一人身兼三职的方法，就是把收集到的成员的意见写在便笺上，然后贴到白板上进行整理。

这种方法免去让大家写字的负担，此外，贴便笺时，看不出是谁的意见，发言容易进行。后续的整理工作也更轻松。

但是，这时促动师要注意对发言做出准确的概括。如果可能，建议一边向大家进行确认，一边在便笺上记录相关内容。请复习第 1 章所述的要点问题。

第4章

统一
Integration

1 令人信服的归纳是什么

2 把不同的意见合而为一

3 确认一下你的统一能力

4 现场实战之统一技巧

1　令人信服的归纳是什么

★谜一样的下划线

笔者在现居住的城市参加过一项构建"都市整体规划"的活动。

所谓"都市整体规划",是一项汇总都市构建的未来展望、都市规划方针、都市构建课题和发展方针的长期规划。您所在的城市应该也有类似组织,向当地居民征求意见,建议是公众必须履行的一项法定义务,笔者则作为居民成员代表之一参加过"市民会议"。

市民会议每月召开一次,每次两个小时,前后举办过 10 届,每次聚集 50 名左右的代表成员。在会议上,大家热情洋溢地围绕城市的未来设想畅所欲言。具体形式是各人在便笺上写出意见,按各个地区收集汇总,把提出的议题和内容加入都市整体规划中,公布提议后解散。

对这些提议进行处理并制定实际规划方案的机构是由行政、市民代表和有丰富经验及学识的人组成的"讨论会"。他们在讨论会中围绕这些问题进行反复多次讨论并拟定规划草案；再次召集普通市民，最后公开结果。讨论会的主旨是让公众对大家提案的实际采纳程度进行确认。

行政机关派发的规划草案是一本厚约 100 页的小册子。翻开这本册子，就能看到内文的很多地方标有下划线，还加注有编号。

当笔者正在琢磨"这个编号"到底是什么时，又拿到一本更厚的资料。在这份资料中，来自市民的提议从大到小一律被标上编号。其中，甚至还夹着某人写过的便笺页。笔者所在地区提交的资料也一样被整整齐齐地加注了编号。草案哪一页中的哪一句话出自这些资料的哪一部分均能找到原型，就是说草案与市民提交的所有意见一一对应。

"那么，请大家确认一下自己的意见在草案中反映的情况"，于是，大家开始埋头翻阅资料，找来找去确实发现了。和其他几个人的意见被归到一起，措辞风格则是典型的官腔调子，会议的主旨得到了充分体现。

事情发展到这个阶段，大家无话可说。"怎么样，行政机关从开始就准备好了一本作文让你们看，胜负与否现在才刚刚开始！"即使有人打算摆出一副找麻烦的样子，也会一下子老实许多。

★把大家的想法表达出来

总结很多人的意见并不是一件简单的工作。人数越多，反映每个人意见的余地就越小，结论就越模糊。即使这样，如果简简单单地采纳多数表决的意见，到此为止辛辛苦苦展开的讨论就会成为水中月镜中花。统一意见，即把所有人争论不休的问题归纳成一个结论，这件工作不经过一番辛苦是无法完成的。

为此，在反映多人意见的同时，应用"犀利"的词语归纳结论，促动师应该掌握这样的能力。"怎样才能用结论表达很多人的主张和想法呢"，关于这个问题，最后只能归入母语能力的较量上。本章将围绕在这种场合下怎样统一众多意见的方法进行阐述。

但是，提醒大家不要忘记一个问题：即使你归纳得很好，也不见得能够获得他人的理解。归纳工作很重要，但更重要的问题是建立起统一认知的过程。因为接受某个结论的心情，是由个人参加或参与讨论的程度决定的。前面的例子就说明了这一点。

归纳性词语和达成统一认知的过程，二者相辅相成，缺一不可。只有这样，才能提高对结论的认同感，请不要忘记这个原则。

2 把不同的意见合而为一

（1）最后关头不可大意

★不统一时，一切都会成为泡影

经过"概括→验证→整理"几项步骤，我们已经完成了很多意见的前期准备。由此，材料收集好了。

最后的关口是导出"根据这些内容，结果说明什么"，"我们凭什么得出结论"，这就是统一。

有时我们需要对会议本身下结论，有时需要对现在论点的协定事项和目标进行确认。任何一种情况都将成为下一个环节的出发点，进而重复"概括→验证→整理→统一"的循环过程。

但是，最后这个关口正是我们特别不擅长的环节。

在到此为止的阶段中，大家只要根据促动师提出的问题，说出自己想到的观点即可，刚开始会觉得这些事情做起来比较轻松。但是，当越来越多的意见提出来后，大家会相应地感到疲惫，甚至产生"我们已经充分讨论过了"的满足感。

于是，迫近最后关头的勇气已经荡然无存，这种情况很容易发生。如果要归纳，自己的意见也好，他人的意见也好，刚刚听到的意见，甚至还有30分钟前听到的意见，对所有的意见必须返回头来重新考虑一遍。而且，必须要归纳出一个结论。结果，不知不觉间你的关注点会集中在自己的意见和与之相近的意见上。因此，归纳的确是一项艰难的工作。

即便如此，如果做事善始善终还好。如果最后关头松懈大意，此前的讨论就没有了意义。

大家煞费苦心地提出意见，最后，却被抽象地归结为"企业环境问题"。或者，当大家注意时才发现，只有A氏一个人的意见通过，其他人的意见完全没有得到反映。这样一来，大家对各种意见所做的努力全部付之流水。

★归纳的两个基本动作

那么，为了做好归纳，促动师应该做什么呢？

1）确定优先顺序……基本动作⑨

面对大量的意见（选项），应按"哪一个重要（关键）"的标准确定优先顺序。此时，促动师要确定判断标准，明确哪一个意见重要。其中，还要明确每个人的价值观。

F：对于我们来说，现在面临的首要任务是什么？

F：现在，我们必须优先处理什么？并得出结论？

2）构建上位概念……基本动作⑩

浏览众多意见，引导大家明确"想表达什么"的问题。弄清"某个意见从属于另一个意见"的包含关系；或者对个别意见进行抽象化处理，例如，"结论是所有人都认为'商品没有吸引力'"；或者找出共同前提，"大家都怀疑'我们只能按之前的方法办'的固执己见的背后存在什么原因"。

甚至可以说，这是一个"最后要把一切归纳起来"的世界。

F：大家想表达的共同观点是……吗？

F：在今天的会议中我们就某某问题取得一致的意见，大家认为应该怎样总结？

（2）基本动作⑨　确定优先顺序

★技法1　提出大量意见后锁定重点

为获得更合理的结论有两个必备因素，一是从很多选项中进行选择，这一点是第3章开篇介绍的预防"冲动病"的唯一方法。

为了获得更多选项，我们必须从各种立场出发讨论。一个不漏地思考所有可能的观点，以此减少遗漏问题。因为思考涉及的范围如此之大，所以，答案只可能存在该范围内。并且，大家对于结论的认同感也会更高。为了获得更多选项，请参考第3章所述的分解及分类，其中，请特别注意灵活运用逻辑树。

言归本题，本章的中心是得出选项后的锁定。应对大量提出的意见排出优先顺序，选择最佳选项。这项操作不仅用于得出会议结论，还适用于讨论的所有阶段。

比如，大家围绕某个课题列举了很多问题，已经做了很好的整理。但没有足够精力和资源针对所有的问题逐一分析并考虑相应对策（这被称为"地毯式轰炸"）。我们需要锁定某个深刻的问题。

或者，假设为解决某个问题，大家提出了10种可行方案。是否需要逐一实施所有方案呢？一般来说不会这样，我们会选择其中较好的，与其他观点不矛盾的一种。商业的"钢铁法则"是集中在重点问题上。

像这样，面对各种不同情况，我们必须学会思考并锁定"什么问题最重要或什么问题最严重"。

①锁定课题（论点）　　　　　　④锁定问题（主题）

②锁定原因（本质）　　　　　　⑤锁定解决对策（方案）

③锁定观点（意见）　　　　　　⑥锁定方针（标准）

首先，促动师必须耐心地与那些打算一头扎进未经慎重考虑的提案的成员抗衡。

F：等其他几个候补方案提出来后，再决定好吗？

F：第一步让我们现在先看看有什么论点？能举多少举多少。

其次，得出选项后，大家可能会产生一些懈怠情绪："啊，我们已经很努力了，这下该结束了吧！"此时，促动师应鼓励大家进一步从这些选项中锁定重点。

F：大家的意见不少嘛。那么，让我们从中找一些好的出来。

★技法2　在选择前确定判断标准

对于比较简单的问题，如果只有"做或不做"这样的二元选择，可以使用"赞成与反对表"，对利弊进行比较后得出答案。选择利多弊少的方案即可。

但是，如果甲项或乙项难以确定或选项较多时，就不能使用"赞成与反对表"了。因为，当很多选项同时摆在桌面上时，任何一种可能看上都不错，而我们必须做出"那么，该选哪个"的选择。

这时，我们最容易掉进这样的陷阱：出于性急，希望尽快做出选择。当然，当我们在餐厅选择一份午餐时，这样做或许没什么，但放在

周五下午16：00点前大家早点下班

利	弊
·拖沓的工作作风得到改善 ·与缩短工作时间相关 ·大家可以安排私事 ·容易开展职场活动 ·天黑前喝啤酒的感觉很棒	·结果，员工只能把工作带回家做 ·无法处理下午4点后的客户来电 ·即使早回家，也无事可干 ·喝酒应酬时间长，聚会费用增加

图 4-1　赞成与反对表

逻辑讨论中，莽撞行事却行不通。

请促动师设法控制自己不要对某一选项的好坏评头论足，在这个环节，请退后一步，让大家一起来确定判断选项的标准（着眼点）。

F：在做出最后决定之前，首先衡量标准是什么？

F：从这些选项中，我们拿什么作为衡量标准？

要选择所有人认可的最合理的标准，这是得出合理结论的另一个条件。

例如，在选择旅行地时，很少有人会选择"距离小学近"这个标准。一般来讲，我们大多会选择"能否疗养"、"有没有好玩的地方"、"食物是否美味"、"收费是否合理"等常识性标准。

当然，判断事物的标准没有标准答案。最后归结为价值观的情况绝对不少。所以，一定要补充一个"一致认可"的条件。

最具有代表性的标准如下：选择问题时常用的问题大小和对周围环境的影响等因素；选择解决方案时的效果、成本、操作难易度、速度（长期或短期）、波及效果、风险等因素。

此外，公司方针（例如：客户至上主义）、社会趋势（例如：环境关注度）、文化和道理（例如：有利于弱势群体）等也是大多数人支持的合理标准。不管什么标准，只要所有人一致认可，大家对结论自然无可非议。

促动师应该了解各种标准,例如:

F:我们把产生效果前的设备运行速度作为标准怎么样?

如上例所示,促动师应该把问题和标准组合起来提出问题。

★ 组合标准,做出选择

锁定选项的标准不限一种。以选择旅行地为例,一般来讲,我们可以把几种标准组合在一起来进行判断。这样,亟待解决的问题将不再是使用哪种标准,而是各标准的重要性。

F:现在,我们最应该关注的标准是哪一个?

这时,促动师可以运用决策矩阵。这是一种列出几种评价标准,根据各标准的重要程度来确定重要性(即选出最优方案)的工具。你只要牢记这些工具,即使存在多重标准,也能从容地选出合理选项。

判断标准	收益性	成本	速度	亲和性	合计
重要性	×4	×2	×2	×1	
A方案	10	7	1	5	61
B方案	7	5	1	3	43
C方案	3	1	7	1	29
D方案	3	9	3	8	44

图4-2 决策矩阵

当你进行实际描述时就会发现：如果不标注重点，决策矩阵中的任何一个选项看上去都大同小异，很难做出判断。而明确标准重点间的差异正是令选择简单易行的窍门。根据"关注哪个标准"这个价值观，你一定能做出最终选择。

（3）基本动作⑩　构建上位概念

★所以怎么样

"构建上位概念"不是从很多选项中选出一项，而是归纳能够满足所有选项的那个意见。思考最终想表达什么，"所以怎么样（那又怎么样）"，对这个问题做出回答……这就是"构建上位概念"时的基本原则。

F：A的意见是……B的意见是……C的意见是……那么，我们到底想说什么？

F：大家提出了很多个人的意见，最终想表达什么呢？

构建上位概念大致有3种方法。请根据主题和选项分开或配合使用。

★技法1　查明包含关系，选择代表性意见

例如，正值新春之际，大家正在围绕今年职场的行动方针进行讨论。席间吵闹喧哗，争执不休，最后，大家的意见大致被归为如下5种。

① 对他人的体谅和感谢之心。
② 通过工作获得新的发现。

③ 感觉与大家紧密相连及工作有价值。

④ 相互之间认同，目标上达成共识。

⑤ 和伙伴一起挑战新工作。

如果这样分类，将很难进行归纳，需要进一步整理。应明确"某个意见从属于另一个意见"。

这样一来可知：①和④两项与成员的心情及职场氛围相关；②和⑤两项与成果及效果相关；第③项包括了所有内容，是外延最广的表述。总之，可以说第③项是包含其他 4 项的上位概念。因此，第③项可以直接作为归纳句使用。

F：让我们选择包括了其他意见的第③项"感觉与大家紧密相连及工作有价值"进行归纳怎么样？

这种方法不用斟词酌句地思考新的表达，是一种最简便的办法。

但是，其缺点是倾向于选择最抽象（表述模糊不清）的意见，表述不鲜明。似乎不管放在什么语境，是任何团队、组织都能拿来套用的无关痛痒的中性词。而且，在听到这类措辞时，别人可能一头雾水："哎，那是什么意思？"

此外，即使提出上位概念的人自我感觉良好，接受下位概念的人却反响平平。如果从下位概念的观点中找几个有特征的关键词（例如：挑战）加入上位概念中，应该能多多少少提高大家的满意度。

★技法 2　捕捉词汇

构建上位概念的第 2 种方法是从各人提出的意见中找出关键词，组成一个结论性观点，这个观点要能包括所有的关键词。比如从第①句选出"感谢"，从第②句选出"发现"，从第③句选出"价值"，从第④句选出"共识",从第⑤句选出"挑战"。

F:那么,我们从各人的意见中选出关键词,用"重视感谢和共识,通过新的挑战发现和成长,创建有价值的职场"这句话总结怎么样?

第2种方法的优点是平等地包括了所有人的意见,全体成员的满足度高。即使有人多少有些不满,也不好提出反对意见。

但是,我们知道,单纯的罗列会使文章显得拖沓冗长,眉毛胡子一把抓。而理想的行文应该是文通字顺,紧凑简洁。关键词中的哪个词更重要,只要确定优先顺序,从容表达,就容易区分出高潮和低谷。

★技法3　引出背后的共同想法

还有一种方法是能引出各种发言背后的共同想法、印象、愿望、本意(真心话)等隐藏的本质。

例如:第①句"对他人的体谅和感谢之心"是指什么样的职场环境;在那个特定环境中发生了什么;通过那件事,大家期望实现什么;大家真正想干的是什么。

这样提出问题,才能获取发言背后的真实信息,找出大家的共识和印象。如下所示。

F:大家的统一认知是"通过人与人之间的共鸣和相互交流,营造不断进步的职场环境"吗?

只要你发现一个符合自己想法的贴切的词,就能顺利地获得"对,我想说的就是它"这样来自所有人的认同。洞悉讨论本质的"洞察力",

以及用正确的词汇表达的"表现力"都是促动师应该具备的能力。

但是，有一点必须注意，"洞察力"和"表现力"运用不当时，容易形成"意译"。对促动师来讲，当你采用自己惯用的表达时，如果发现"虽然感觉没错，但似乎还是有差别时……"反而有损本意。

建议促动师在使用这种方法时，应反复试行，重复选词，直到找出获得大家认可的词汇。从这层意义上看，可以说是词汇本身要求的一种归纳。

F：这个词合适吗？用"深化"代替"进化"……或者用"发展"和"进展"来代替怎么样？

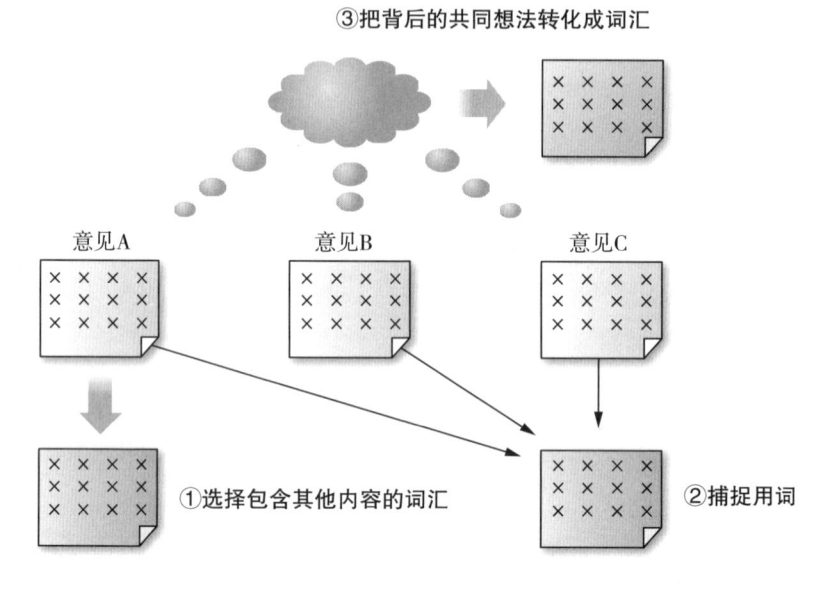

图 4-3　统一的 3 种技法

★善于归纳的诀窍

不管采用什么方法，注意事项都没有太多变化。归纳是指对众多意见进行概括，在此重复阐述的一些内容已于第 1 章论及。

1）信息化处理

进行归纳时，请你改掉用一个名词总结的习惯。以前文的例子来讲，就是用"快乐职场"一词总结。

所谓归纳，是我们针对论点（主题）做出的回答。答案的形式必须是"信息"，如"关于某某是这样的（应该这样或应该这么做）"。

"快乐职场"一词只表达出作为着眼点使用的共同要素，没有提到该着眼点怎么样，别人势必产生疑问"快乐职场怎么了"。所以，归纳必须对"那会怎么样（So what）"做出回答。

2）信息对应论点

实际上，从某一观点获得的信息并不限于一个。

比如，大家正在围绕职场应有的状态进行讨论，有人提出"最近，我们公司的氛围有些沉闷"的意见。对此，如果让你思考"那会怎么样"，你认为答案是什么呢？

①关于劳动环境　　→　"照明不足"

②关于职场氛围　　→　"气氛沉闷"

③关于业绩　　　　→　"业绩下滑"

我们可以考虑以上各种信息。

像这样，大家既可能提出同样的信息和意见，也可能提出很多。哪一种信息更恰当，需要根据论点和实际状况而定。只要能够认识到这一点，我们就能选出恰当的信息。

3）寻找相应的抽象度

那么，是不是只要信息能够回答论点，不管什么信息都可以呢？请你试着对下面的信息进行比较。

①营造快乐职场。

②营造欢笑的职场。

③营造充满欢笑和感谢的快乐职场。

④营造处处笑容绽放，大家相互认可，共同分担烦恼和不安，体谅他人的职场环境。

⑤加油，营造精力充沛的职场从打招呼开始。

第①句的表述过于抽象化和一般化。这样表达的话，别人会不明白你具体想表达什么。当我们懒于动脑思考时，就容易这样归纳。

反之，当你试图有效地利用具体观点时，又会像第④句那样使发言听上去平淡无味。归纳观点和罗列观点完全不同。

此外，第⑤句的表达过激，这种说话方式不成立，属于"不至于那么说吧！""其实，我没有那么说……"的状态。这是用原始观点中没有涉及的内容做出的总结。此时，你在不知觉中可能融入了不少个人观点，这种情况请务必注意。

不过度抽象，也不罗列，更不融入个人随意生发的观点。请效仿第②句和第③句，寻找抽象度相符的信息。

4) 从小的观点集合入手

最后，我们应该尽可能从较小范围入手获取信息。这与第3章的分类技巧相同。

当你思考"那会怎么样"时，开始阶段，对象的观点集合不可能是较大信息。当信息本身过大时，提取本意会变得非常困难，可能只会涌出如"外部"、"内部"、"人"、"物"、"金钱"等一般性的关键词。

让我们介绍一个反面的例子。假设大家正在围绕"我们公司开会的注意事项"这个议题展开讨论。你把大家提出的意见大致分为"一般论"和"个别问题"两类，并把它们原封不动地照搬过来用于总结（参照图3-8）。请设想一下：如果"会议分为一般性问题和个别问题"，大家无关痛痒地表示赞成，这样的话，讨论过程就不可能深入。

但是，如果你从"话题偏离"、"发言人只是某些人"、"会议时间过长"等细节着手归纳，最后的归纳会留下充分的信息。为了更好地进行归纳，请避免一次列举太多观点。

3　确认一下你的统一能力

（1）确认理解能力的练习

★实战练习：提高品牌力需要什么

假设这里正在召开一场关于提高品牌力的会议，大家苦恼于不知道怎样归纳结论。如果是你，会怎样总结这场讨论呢？

A：不解决产品的质量问题，恐怕无论打造多么优秀的企业品牌标志，借助多么时尚的电视广播广告，都无济于事。因为品牌源于品质。

B：这样说听上去有些刺耳。在产品性能和设计方面，我们绝不逊色于其他企业。但问题在于：即使顾客购买商品时性能优越，使用时间长了以后，难免会发生一些故障。

A：对，没错。我的朋友就因为这个原因对我说，"我再也不买你们公司的产品了！"这的确让人受打击……

C：说到这里，设计可能也是一样的道理。我们的产品外表看上去不错，但只要稍微在哪儿刮蹭一下就会受损。在使用过程中质量不断出问题，结果，精心的设计反被断送。

B：对。初期故障引发的索赔大多是这个问题。商品本体受损，无法修复。就算修复也很困难，只能全部更换。如果技术人员说明不当，又会引发新的索赔。

C：也就是说，不仅商品，我们还要考虑包括售后服务在内的产品质量问题。因为，毕竟我们希望顾客长期选择我们的产品。

图 4-4　漫无边际的讨论

A：是啊，在顾客长期使用商品的过程中，无论对商品，还是对制造商品的企业没有留下好印象可能是问题的症结所在。

C：或者可以说，顾客期待的商品质量和我们提供的质量之间存在一定差距。我们没有提供给顾客真正期望的质量，一定是这样！

B：为提高企业的品牌力，回避产品质量是行不通的。这一点理所应当，绝对不容忽视。

A：明白了。今天的结论之一是"质量问题"，我先把这个关键词写在这儿。其他，大家还有什么意见吗？

★解析：归纳之后，意思改变

在这场会议中，虽然大家提出很多触及问题核心的意见，但最后的归纳——"质量问题"似乎并不恰当。如果我们回顾整个讨论过程，可能会问"质量问题是什么"，于是再次陷入同样的讨论。此外，即使向未参会的人传达这个词，对方也不会明白它具体指什么。

"质量问题"一词不过是叙述问题的着眼点，并不是信息，无法称之为归纳。那么，应该怎样进行归纳呢？让我们列举几个例子，重温本章的内容。

归纳例1：故障多，产品容易受损，售后服务差。

如果从现象入手选择大家提出的问题，用词汇加以概括，就得出这样的结论。归纳例1包括了所有观点，但有点主次不分。如果产品故障方面的问题大，只把故障问题挑出来进行归纳就可以了。

归纳例2：长期使用，顾客对商品和企业没有留下好印象。

试着原封不动地转述小A的观点进行归纳。归纳例2似乎在某种程度上包括了所有人的观点，抓住了问题的实质，而且表达鲜明。比归纳例1从现象入手的归纳更进了一步。

归纳例3：我们没有提供给顾客真正期望的品质。

小C的意见代表了大家的观点。因此，虽然他的观点可以作为归纳直接使用，但表达似乎有些刻板、不够鲜明。也许后面有人问"'没有提供给顾客真正期望的品质'具体指什么"，因此保留一点每个人发言的中心意思，可能更有助于他人理解。

归纳例4：对商品过于自信导致忽略产品质量问题。

归纳例4在所有发言中均未出现。从这层意义上来讲，这样表达属于意译，但正是这样的意译恰恰能很好地表达大家心里"隐藏的本质"。当你的表达符合"对，我想说的就是它"时，就是好的归纳。笔者认为归纳例4属于较高水平的归纳。

像这样，即使对于同一发言，归纳方法不同，语感上就有很大差异。在这个问题上没有对错之分，促动师应在观察大家认知程度的同时，选择最适用的一种。

> **专栏4　通过每天练习说话方式，提高你的逻辑能力**
>
> 如果日常生活中不注意练习，我们就无法掌握逻辑思考能力。无论撰写文章，与人交谈，还是日常交流，请你试着运用一点逻辑思考。
>
> 为此，最理想的表达方式是运用"PRES法"。
>
> P：Point（主张）"今天我想说的是……"
>
> R：Reason（根据）"我的理由是……"
>
> E：Example（事例）"比如，那个问题是……"
>
> S：Summary（归纳）"总之，我的观点是……"
>
> 要想明确表达自己的主张和根据，需要辅以具体的事例说明。而且，不是按你自己想说的顺序，而是按照对方想听的顺序逐一列举。这样一来，你不仅能在自己的脑海中进行整理，听的人也会比较明白。
>
> 为了进一步提高说话的逻辑性，请试着添加"编号"。比如，当你陈述"PRES法"的理由时，你可以这样做"我的理由有3点，第一是……"使用编号分成3项的方法，请参照第3章 MECE 的相关说明。
>
> （注：参照第3章"各层级的项目数为3项左右"）

（2）提高统一能力的训练

★整理和统一的综合训练

第3章便笺练习3也适用于提高统一能力的训练。

但是，本节练习的重点是：统一按各小组分类的个别意见，回答主题，找出相符的信息。

对5~6个小组的提议进行处理并找出信息，大家可围绕能否把这些信息进一步用上位概念统一来展开讨论。

如前所述，整理和统一的要点是按照实际情况分组。即便如此，有的人还是觉得很难引导出准确的信息。例如，大家经常采用的归纳如图4-5上半部分所示。关于这场会议的注意事项，参会者是用卡片进行整理的。

按照实际情况进行分组当然可以，但该例的总结用语显得比较粗糙。比如"论点"、"会议本身"、"发言者"、"日程调整"等泛泛的表达很难激起大家进一步讨论的热情，结果以众人无关痛痒地表示赞成的方式结束。促动师也好，参会成员也好，大家都感到茫然不解："虽然我们对讨论内容进行了分组，但结果有什么意义呢？"会议现场呈现这种状态。

请你做练习时，在思考回答"我们公司开会的注意事项是什么"这个论点的基础上组织信息。如图4-5下半部分所示。

照此归纳，针对"我们公司开会的注意事项是什么"这个问题，"只"看归纳的信息，就能大体确定企业的战略目标。

而且，当你按照这种方法进行归纳时，可能很快就会听到"会议时间真的很长吗"，"谁有证明数据吗"，"会议真的很多吗，大家是不是把责任推给会议了"，"讨论不扣题，会议时间浪费严重，哪个问题更重要"等来自参会者的反馈意见。这正是本练习的目标。触发归纳信息，对该归纳的验证和相互比较等步骤也会自然被推进，促使讨论进一步深入。

归纳信息的力量如此巨大。

★反响热烈的主题方案

统一的训练方法就是搜集相近意见，对它们进行仔细观察，思考结论是什么，在该练习过程中不断实践，并积累经验。下面为大家介绍一

不好的归纳

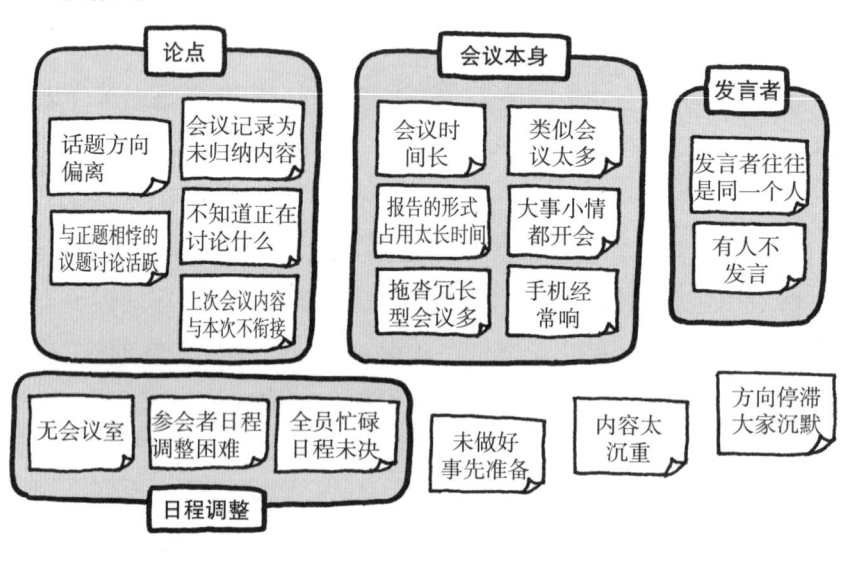

- **论点**
  - 话题方向偏离
  - 与正题相悖的议题讨论活跃
  - 会议记录为未归纳内容
  - 不知道正在讨论什么
  - 上次会议内容与本次不衔接

- **会议本身**
  - 会议时间长
  - 报告的形式占用太长时间
  - 拖沓冗长型会议多
  - 类似会议太多
  - 大事小情都开会
  - 手机经常响

- **发言者**
  - 发言者往往是同一个人
  - 有人不发言

- **日程调整**
  - 无会议室
  - 参会者日程调整困难
  - 全员忙碌日程未决

- 未做好事先准备
- 内容太沉重
- 方向停滞大家沉默

好的归纳

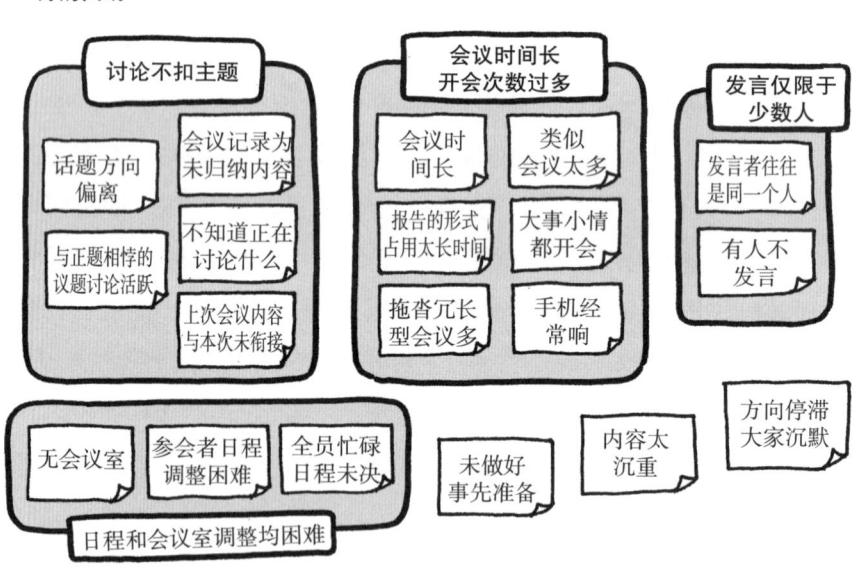

- **讨论不扣主题**
  - 话题方向偏离
  - 与正题相悖的议题讨论活跃
  - 会议记录为未归纳内容
  - 不知道正在讨论什么
  - 上次会议内容与本次未衔接

- **会议时间长 开会次数过多**
  - 会议时间长
  - 报告的形式占用太长时间
  - 拖沓冗长型会议多
  - 类似会议太多
  - 大事小情都开会
  - 手机经常响

- **发言仅限于少数人**
  - 发言者往往是同一个人
  - 有人不发言

- **日程和会议室调整均困难**
  - 无会议室
  - 参会者日程调整困难
  - 全员忙碌日程未决

- 未做好事先准备
- 内容太沉重
- 方向停滞大家沉默

图 4-5　好的归纳和不好的归纳

些推荐的练习题目。

1)"我想这么做"……对未来的一点展望

设计一个"我想这么做……"的议题，让大家各抒己见。"……"部分可以填入"我们的职场"、"我们的会议"、"我们团队"、"本次活动"、"我们的城市"等内容。

2)"优势"

设计一个"……的优势"的议题，让大家围绕该议题发表见解。"……"部分可以填入"我们的职场"、"我们公司"、"我们团队"、"某个人"、"我们的城市"等。

3) 分析市场动向

这个议题适用于商业领域，促动师在白板上标注本企业的市场动向，用于实战练习。可以套用3C行业市场分析法展开思考。

★寻找共同点

统一时的重点是找出分散意见的共同点。为了掌握这种能力，请试着进行下面的练习，并谈谈你的感受如何。

请随意翻开一本辞典，选取3个单词如"香瓜、熬夜、专业棒球"，3个词语之间的关联性越远，越适用于该练习。

选词结束后，把它们写在纸上，运用头脑风暴法找出3个词之间是否存在共同点。例如，"是否高兴"，"过劳（饮食过度）是否对身体不好"等，共同点不限于一条，请尽量多找一些。

还有一种方法：把3个单词串起来编成一个完整的故事。比如：某某一边吃香瓜，一边熬夜看专业棒球赛的录像。这个方法还可以用来编辑各种故事，然后评选结果。

★共识游戏

本书姐妹篇《团队建设》中提到的共识（排序）游戏是锻炼思考判断标准的最佳训练方法。

例如，请从与你心目中理想的顶头上司最接近的名人（演艺界名人、体育选手、历史人物、政治家、文化名家等）中选择7个人，参与讨论的每个成员分别按杰出人物的顺序对这7个人排序。个人排序结束后，再分组讨论怎样排序。

		铃木一郎	奥巴马	北野武	德川家康	黑木瞳	久本雅美	所·乔治
个人排序		3	7	1	4	5	6	2
1	山田君	5	1	3	2	6	4	7
2	田中君	2	5	7	6	1	3	4
3	加藤君	6	4	2	7	3	5	1
4	山本君	1	5	4	7	6	2	3
5								
小组排序								

图4-6 排序游戏

这时，注意不要使用妥协、争论、多数表决等强制手段迫使大家统一认知。该练习的目的不是给出答案，而是明确排序的标准。重点在于所有人都认可，围绕合理的标准展开讨论。

如下所示。还有一些可供参考的其他主题。请选出一个轻松的、大家愿意讨论的话题。

①对组织来说，现在我们最应该干什么？
②工作中，我们应该重视什么？
③对有志于商业的人来说，最应该具备什么能力？

④使组织变革成功的必要条件是什么？

4　现场实战之统一技巧

（1）归纳需要时间思考

★提前预测

总结讨论不是一件简单的操作。当你无法预知将要面对的情况时，局面会进一步失控。即使是促动师，也需要时间进行考虑。

在召开会议和讨论会时，提前预测总结讨论所需的时间是成功归纳的秘诀。

稍微加快一点会议进程，就能为最后阶段的会议总结多留出一些时间。在会议前半段充分征集意见，然后加入一段较长的休息时间。应利用这段时间，思考会议后半段的整理和归纳作战策略。如果召开两天一夜的讨论会，促动师应尽量在会议首日鼓励众人各抒己见、畅所欲言。利用夜间时间思考次日会议结束阶段的总结方案……这些工作请务必提前进行。

这时需要注意：不要把事前准备好的总结方案突如其来地公之于众，"瞧，这是我做的总结"。

因为没有参与总结的成员无法对该方案是否真的包括了己方的意见而做出判断，认可程度当然下降。他们甚至会产生疑问：促动师是否在按自己的方式进行总结？

时间不够时，这样处理当然是没有办法。但是，促动师应尽量设法向大家描述自己完成总结的全过程，与此同时把结论公之于众。这样做，多少会提高大家的认可程度。请不要忘记，认可源于参与。

★给自己留一点思考的时间

　　从这层意义上来讲,在公众场合,由促动师和大家一起参与总结是最好的。但是,这样一来,留给自己思考的时间就没有了。

　　这时,建议你有效利用休息时间(Break)。首先宣布"刚才我大致汇总了一下意见,现在,大家可以稍微休息一下",然后利用这段休息时间着手整理、思考怎样进行归纳。进行这项工作时,应选择众人视线可及的地方。有时,也可以邀请你附近的成员进行协助,一起想办法解决。

图4-7　利用休息时间思考

　　如果这样做,你仍然觉得困难时,请寻找大家你一言我一语地进行讨论的时间。当讨论过程停滞不前,大家争执不休时,正是促动师思考总结方法的大好时机。你可以把没有得出结论的问题交给参会成员,"那么,我们应该怎么总结这个问题呢……"集中众人智慧来思考整理和统一的方法。当大体轮廓初现时，再中途打断"下面该进行总结了，大家认为这样处理可以吗？"

（2）无论如何归纳不出

从下文开始，将以不擅长归纳的人为对象介绍几点实践性建议。

★对前面的讨论进行统一概括

心急吃不了热豆腐，你的心情越急迫，越总结不出来。先别着急，让我们一起试着对前面的讨论进行统一概括（回顾）。

在进行统一概括之前，请先停下来，在白板上把到此为止大家提出了什么意见，在现阶段确定了多少等进行总结并逐一确认。让参会成员重新认识讨论的整体情况，同时，促动师也可重温一遍到此为止的会议流程。

经过这个步骤，讨论整体的流程及个别意见的定位将清晰可见，同时促进意识转换。因为我们很容易跟着刚才讨论的步伐走，从而忽略会议的整体情况。这样一来，就无法成功地进行归纳。

这时最令人意想不到的是节奏变换的效果。我想大家一定有过类似经历：一到休息时间，突然想到一个全新构思，或者发现某个遗漏的问题。在集中思考某个问题后，突然放松下来，这时更容易想到新点子。其实，在总结讨论时，我们经常会想到归纳的方法。

总结问题绝不能拖泥带水，耗费太长时间。促动师没有必要针对每一个观点进行认真的说明，你只需一边指着白板，一边强调"讨论流程大体是这样的"。建议大家抓住如下4点。

①讨论流程是什么。(经过)

②确定了什么，理由是什么。（逻辑构成）
③什么问题和什么问题对立。（对比）
④确定了什么或是否统一认知。（已决或未决事项）

★ 配合前提

难以归纳的常见问题是：意见过于分散。具体表现是论点有所偏离、层次不当、中心不符等。

大多数情况是讨论前提偏离所致。常见的问题是对会议目标的认知产生分歧。

比如：今天的会议旨在确定什么；如果确定，讨论进行到什么阶段；如果不确定，把什么作为今天的结论……像这样，参会成员对于会议目标的认知发生分歧。在这种情况下，无论你怎么设法总结，也不可能成功。最好返回原点，向所有人确认今天的会议目的是什么。

还有一点，前提容易产生分歧，问题在于词语的含义。当同一个词语用于不同含义时，当然总结不出来。这是我们特别容易忽略，并且讨论来回兜圈子的一个重要原因。如果提议中有通用词汇，请促动师向每个人逐一确认该词的含义。在对某些问题的认知上，大家一定存在着不同。

★ 有对立，当然无法总结

参会成员之间发生对立时，总结会变得很困难。大多数情况下，讨论中不仅有逻辑，还有情感因素在内。有时，固执者相互之间会发生碰撞；有时，对立双方的世界观完全不同。

关于观点对立时的归纳法，是超出本书范围的一大课题，在此暂不涉及。这里仅围绕消除对立的要点稍加说明。

第一，消除误会。立场不同时，每个人的思维模式也不同。如果从自己的立场诠释对方的辩解，当然会产生误会。请站在对方的立场上对发言作出恰当评价。当你试着认识到"每个人的观点都有正确的一面"时，才能从对立中跳出来继续讨论。

第二，找出一致，而不对立。大多数对立均与手段和方法论相关。请先把讨论搁置一旁，找出大家一致认同的目的或目标。记住：你们彼此之间不是敌人，而是要达成共同合作目的朋友。

第三，避免孰是孰非的讨论，应思考怎样才能使大家感到满足。与一个目的相对，解决的手段有很多种。如果你固执己见，认为除了自己坚持的手段之外别无他法，那么，一切将无从妥协。第2章阐述了对付固执己见者的发问方法。请灵活运用该方法，发动全员力量，一起找出一个合适的折中方案。

★无论如何行不通时，请借助大家的力量

有时，你绞尽脑汁也想不出好的总结方法。这时，除了不耻下问，求助大家的力量之外，别无他法。

进入统一概括阶段后，我们经常会看到这样的情形：促动师一个人埋头扑在归纳工作中，在白板与自己的二人世界中苦苦奋斗。期间，其他人则进入一种把收尾工作全权交由促动师处理的休息状态。

从始至终，促动师只是一个辅助的角色（支持者），会议的主角是参加讨论的成员。所以，统一工作应该交给参会者完成。促动师的职责是让"一切进行得更顺利"，而进行归纳，不是你的"本职"工作。

借助成员的力量绝不是一件坏事，可以说，从引导大家参与和发挥群策群力这层意义上来说，这是一种理想状态。促动师只要敞开胸怀，一定会有人伸出援助之手。请不要顾虑，相信他人，请试着对大家说"我不知道应该怎样总结"。

F：我暂时没有想到恰当的归纳法，大家有什么好的意见吗？

F：……不好办了，这个问题过于复杂，我不知道怎么总结……大家有什么好的归纳法吗？

F：按现在这种状态，怎样总结呢？大家认为这样下去，我们怎样继续，才能更好地归纳呢？

第 5 章

架构
Frame-working

1　为什么架构如此重要

2　确定构成讨论的基础

3　确认一下你的架构能力

4　现场实战之架构技巧

1　为什么架构如此重要

★大家一起跳海吧

早坂隆（日本自由作家，撰写过许多旅游记事。——译者注）在著作《世界上的日本人笑话集》（中央公论社）中收录了一则这样的笑话。

一艘载有各国乘客的豪华客轮在航行中遭遇了海难，船长只好下令乘客尽快跳船逃生。船长对各国乘客分别这么说：

对美国人说，"跳下去你就是英雄"。

对英国人说，"跳下去你就是绅士"。

对德国人说，"本船规定遇到这种情形，一定得跳船"。

对意大利人说，"跳下去你会受到女士的欢迎"。

对法国人说，"不要跳"。

那么，船长对日本人说什么呢？

答案是："大家一起跳海吧。"这是一则讽刺日本人集团主义的笑话。

那么，为什么这则笑话有趣呢？原因可能是很多人觉得这则笑话与各国特有的"架构"相符。比如德国人那种骨子里的规则意识，日本人做事讲究大家步调一致……

这种架构植根于漫长的历史和文化，并无孰优孰劣之分。因为它的存在，不同国家的人能够了解彼此之间大致的思维模式，也能在某种程度上揣摩对方的行为模式。只要巧妙地运用架构，我们就能促进相互之间的理解和沟通。

但是，运用架构的同时也有适得其反的一面。比如：日本人中也有很多持个人主义思想的人。如果你采取强硬手段把他们禁锢在架构中，他们一定会进行指责你，"那家伙是个集团主义者"。因为架构的存在，人不再勤于思考新事物，而被架构所局限。

更棘手的问题是，一旦架构形成，打破它将变得非常困难。因为人们会习惯于戴上一层有色眼镜观察对方，目光只停留在与架构相符的信息中，架构变得更加牢固。

人都是这样，大家习惯于运用各种各样不同的架构思考事物，很难摆脱它的束缚。正如我们在这里看到的生活现象一样，架构有光和影两个方面，我们必须在了解它们的基础上，聪明地加以利用。不管哪一种架构，什么场合，怎样运用，我想要看我们每个人的智慧。

★ 能否构建共同架构

从下面开始是我个人的独创。假设因为某种情况，5个国家的人中必须有1个国家的人跳海，而且这一次是由各国的代表聚集起来讨论这个问题。到底应该怎么办呢？

这样一来，各国的架构就派不上用场了。因为每一种架构分不出好坏，任何一个国家都不能强迫其他国家接受自己国家的架构。

事情发展到这一步，只能由大家构建一个架构，在这个架构的基础上进行协商。结论或者是"游泳好的人应该跳海"，或者是"未来有前途的人应该留下来"等等。

能否构建一个所有人认可的架构，决定着大家能否获得最终答案。当然，架构的构建方式不同，结论也会发生很大变化。

像这样，讨论中最重要的问题是：各国人要充分理解相互之间架构的差异，在此基础上，建起构成讨论基础的共同架构体系。本章将为大家介绍以构建共同架构为目的的技巧和工具。

2　确定构成讨论的基础

（1）灵活运用架构

★架构推动思考

只要我们遵循讨论的大致趋向，重复"概括→验证→整理→统一"的操作步骤，一定会到达被称为"结论"的终点站。能够推动这一过程，使之简单可行的正是架构。

所谓架构，是构成讨论基础的思考方式，相当于每个人手里拿的通用地图。

例如，当你对判断"做还是不做"这个问题拿不定主意时，你可以运用"利与弊"的二元结构展开分析，这就是架构。

此外，还有一种运用时间轴进行思考的架构。保罗·高更（法国后印象派画家、雕塑家、陶艺家及版画家。——译者注）有一幅著名的作品，名为《我们从哪里来？我们是谁？我们往哪里去？》。这种架构在商务领域经常用到，是一种运用"过去→现在→未来"以及时间序列来思考问题的架构。

进一步讲，本书也是运用架构成书的。具体运用"影响个人→影响集团"、"统一→分析"的两轴结构对促动师的职责进行分解（参照序章的图3）。以此为基础，围绕"概括"、"验证"、"整理"、"统一"、"架构"5种功能展开论述。同时，笔者们构建起一种新的架构。

★架构的3个优点

架构具有如下优点。
1）容易提出观点

与含糊其辞地要求大家"请就这个论点发表你的观点"相比，"请根据这个架构的这个观点谈谈你的想法"的表述更容易激起大家阐述个人观点的兴趣。相当于第3章中阐述的"分解"和"分清"的效果。

图5-1 运用架构展开讨论时的场景

2）使观点相吻合

　　大多数场合中，讨论出现分歧，是因为人们相互之间的思考架构不同所致。针对同一个问题，在运用"二元对立"原则思考的人和运用时间轴思考的人中，即使对同一个论点展开讨论，人们也会发生争执。因此，我们有必要建起一个双方达成共识的基础平台，在此基础上展开讨论。

3）防止遗漏问题

　　理想与现实架构、衣食住行架构、5W1H 分析、4P 理论等架构的设计出发点为：包括论点的整体状况，同时防止遗漏问题。其切入点是 MECE，我们可以通过有效利用这些架构，防止讨论过程中发生遗漏。

★建立架构

　　架构由两个因素构成。一个因素是架构模式。可能用结构表达的话更容易理解。

　　沿用前面的例子，二元对立、矩阵、时间轴这些结构都是模式。几乎世间任何现象都能用几个大的模式进行整理再现。哪一种现象套用什么结构，大体的思考架构都是固定的。

　　另一个因素是视角和切入点。即使运用同一种二元对立结构，选择利与弊、理想与现实、短期与长期、费用与效果……使用的切入点不同，架构也不一样。促动师必须根据议题和成员，选择最便于思考的切入点进行组合。

　　架构和切入点二者组合，这就是架构的真相。

★以架构为目的的两个基本动作

　　按这种方式思考，促动师应该承担的职责有两种。

1）选择架构（模式）……基本动作⑪

围绕现在的论点进行思考，选出最佳结构。从几种代表性的模式中，选择最恰当的一种。

F：让我们试着把这部分内容分成两项考虑怎么样？

F：我觉得可能采用树状结构整理更好理解……

F：矩阵和时间轴，大家认为采用哪种方式更容易展开讨论？

2）选择切入点（视角）……基本动作⑫

某种结构适用什么样的切入点，思考与主题相对应的切入点并提议。

F：让我们试着采用利与弊分析法进行比较好吗？

F：如果选择两个评价轴，我们应该选哪两个呢？

F：关于这个部分，我们按市场 4P 营销模式进行分解，大家认为怎么样？

★ 灵活运用现成架构

尽管如此，请不要误解。促动师没有必要见到什么，就思考应该采用哪一种特殊架构。

针对不同的会议目的，例如战略立案、决策、构思设想、组织开发等，我们经常采用的架构大都是固定的。如果会议的目的是战略立案，就采用 3C、SWOT、波特五力分析模型、PPM 等。在本书中，笔者希望尽可能多地为大家介绍一些常用架构，换句话讲，就是促动师工具箱。

不习惯使用架构的人，请你首先从掌握这些现成的模式开始。你可以先在白板上勾画出架构，然后推动讨论进行。仅这样做，你的逻辑能

●3C战略三角模型

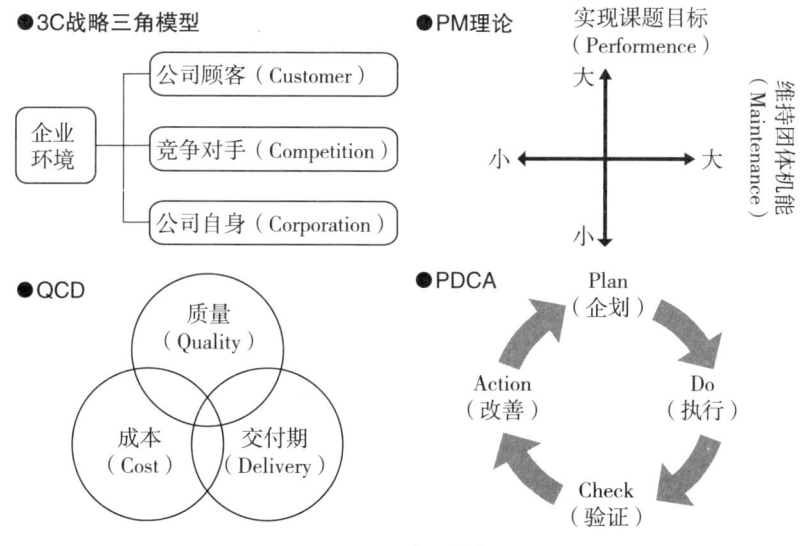

企业环境
- 公司顾客（Customer）
- 竞争对手（Competition）
- 公司自身（Corporation）

●PM理论

实现课题目标（Performance）：大／小
维持团体机能（Maintenance）：大／小

●QCD
- 质量（Quality）
- 成本（Cost）
- 交付期（Delivery）

●PDCA
Plan（企划）→ Do（执行）→ Check（验证）→ Action（改善）

图 5-2　现成架构范例

力都会获得惊人的进步。

但是，如前文所述，如果只使用现成工具，架构本身的缺点会暴露出来。所以，请你尽可能根据会议主题思考一种合适的独创架构。

（2）基本动作⑪　选择架构（模式）

架构大致分为4种模式，下面按照使用频率从高到低逐一介绍。

★无遗漏，无重复地进行整理（树状结构型）

不选择主题，应用范围最广的架构是第3章介绍的树状结构。当你不知道选择哪种结构时，请试用树状结构。对架构不熟悉的人也可以从树状结构开始。

所谓树状结构，是把主题分为"大分类→中分类→小分类"，或从主干（宏观）向分支（微观）进行逐层整理的结构。比如，我们把经营资源分解成人、物及资产，再进一步把人分解成一般职员和管理层等。

经过这样的分解，一般主题都能清晰地被整理出来，事物的整体轮廓会更明确，每个观点的定位和层次也清晰可见，我们对遗漏问题的检查也更容易进行。

关于树状结构的构建方式，前文（参见第3章）已经提及。不管采用上情下达法，还是下情上传法，按MECE原则进行归纳是诀窍所在。第3章构建MECE逻辑树的4条规则可以派上用场。

也就是说，树状结构具有多功能性，但最能体现其威力的场合是搜集各种议题展开讨论的时候。

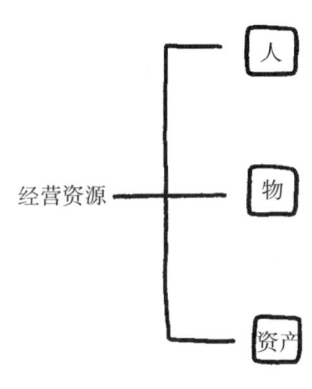

图5-3 树状结构

例如，大家提出100种解决问题的方案，但我们无从判断是否进行了充分讨论的情况。具体就是，到此时为止，大家围绕各种降低生产成本的手段采取了一定措施，但希望能够进一步锁定关键问题。

首先，请采用树状结构对问题进行整理。当发现大的切入点时，着手检查讨论中是否存在遗漏问题。在此基础上，应进一步提议，确定哪一种方案最佳的优先顺序。

★一刀两断，切断讨论 （矩阵型）

除树状结构之外，我们经常采用的方法是排列二维切入点的矩阵结构。这种方法一样不选择主题，是一种在任何场合中都适用的方法。笔者认为：只要促动师巧妙运用树状结构和矩阵结构两种方法，就能应付

7成左右的会议讨论。

矩阵结构分为模拟矩阵和数字矩阵两种。模拟矩阵的代表是定位图（Positioning Map）。该法运用价格和性能2轴（纵横轴）对系列商品进行整理，定位点会发生连续变化。

在定位图中，重点在于对坐标轴的具体定义。拿现在的例子来讲，"应把什么作为评价商品性能的标准"，如果因各成员的看法不同导致该评价标准不同，促动师就无法对观点进行整理。这时需要确定一个能进行定量评价的通用指标。

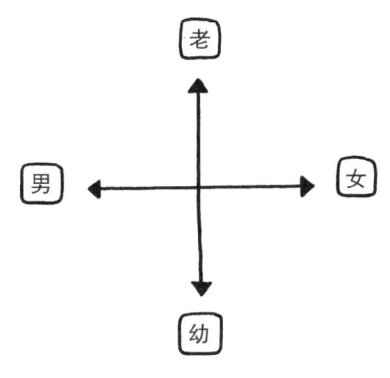

图 5-4　矩阵型

在此基础上，选择界限清楚的坐标轴是关键。如果你费了半天劲儿按商品的价格和性能进行分类，发现图上各点几乎都集中在同一位置……这样一来，就失去了整理的意义。坐标轴之间的因素相互关联。实践中经常发生坐标轴完全倾斜的情况。

矩阵最大的魅力在于将主题一刀两断。要点是：在包括主题整体轮廓的同时，选择观点均衡分布的坐标轴。

另一种数字矩阵的代表是表格。表格运用行和列的组合对事物进行整理，表格没有中间位置，或者A，或者B，把所有因素彻底分开。表格的用法是在行中列出问题，在列中列出责任部门，在交汇点写上对策。

表格的优点：通过行列组合，在收集所有问题的前提下展开讨论。表格具有与树状结构相同的优点。

因此，在确定行和列的切入点时，应尽量选择那些能够包括整个主题、没有遗漏问题的内容，这是关键。

★整理流程和关联 （流程图型）

树状结构和矩阵结构可以说是一种"静态"架构。当我们在某一瞬间进行整理时，无法加入时间概念。如果希望加入时间概念，就需要使用"动态"架构的流程图。流程图与流程相同，是一种用箭头把观点和企业连接起来的结构。

在处理工作流程时，就轮到流程图发挥威力了。例如：在大家针对哪一环节存在无效工作这一问题进行讨论时，必须对工作流程进行整理，找出工序中状态不佳的瓶颈部分（狭窄部分）。这时流程图是我们经常采用的方法。

我们在前文保罗·高更的例子中提到，"过去→现在→未来"分析法和时间序列分析在进行职业生涯规划（Career Design）中经常用到。也就是说，按时间流方向进行思考符合人类自然的思维特征。

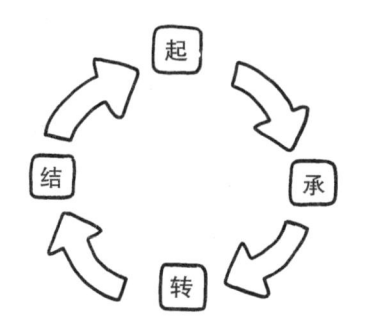

图 5-5 流程图

另一种流程图是因果流程。当发生某件事时，某个地方一定存在原因，而导致这个原因发生的背后，一定又存在着其他不同的原因。世间的事物总是通过原因和结果发生连锁反应，因果关系使事态进一步复杂化。此外，有时一个现象背后存在很多原因；有时，原因和结果还会形成一种循环结构。

事情发展到这个地步，必须采用流程图细心地用箭头把原因和结果连接起来。只有运用流程型对复杂的状况进行整理，然后，大家再对采取哪一种办法有效进行讨论，除此之外别无他法。请记住，针对错综复杂的问题时，使用流程图就能解决。

使用流程图时最常见的问题是：过程描述太复杂。无论我们试图想解决多么复杂的现象，理解那些现象的人的能力是有限的。即便完成整理，却可能发现大家根本无法面对一大堆问题而展开讨论。如果发现事物过于庞杂，我们可以对它们进行整理，先将它们分解成大的流程，再进一步整理成更细的内容，建起一种层级结构。

★ 通过叠加产生新的构思 （循环型）

还有一种结构，虽然派上用场的地方不多，但掌握它会很方便。这就是通过叠加各种切入点，表明切入点之间关系的循环模式。

在这个世界上，总有一些我们无法清晰区分的事物。例如，当有人问你为什么工作时，你可能出于经济原因，可能希望实现自我价值，也可能希望为社会做贡献。如果采用树状结构或矩阵结构分析，不管使用哪个切入点，都无法包括问题的全部。

这时，我们可以把经济层面、个人层面及社会层面 3 个因素组合起来进行描述，3 个因素重叠的部分用"公司的工作"一词描述即可。当切入点重叠，难以简单区分时，可以考虑采用循环模式。

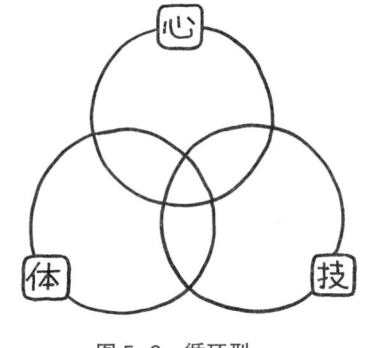

图 5-6　循环型

在循环图中，圆圈的重叠部分表明各项目之间的关系。圆圈不重叠的部分是独立，重叠的部分是交汇，大圆圈中包括小圆圈时是包含。按照这种模式进行组合，就能对各种关系进行描述，但各因素之间的关系过于复杂时，改用树状结构或矩阵描述的情况也很常见。

循环图不仅用于整理讨论，也用于拓展构思。采用循环图模式对讨论内容进行归纳时，观点集中的部分和完全没有提出观点的部分会一目了然，结构层次也会非常清晰。当讨论中心偏离时，可能大家还没有想到包括整体内容的构思。这时，促动师只需催促大家填补圆圈的空白部分，讨论范围就会扩展开来。

此外，有时通过把几个圆重叠起来，我们可能会发现一种意想不到的排列组合方式。如果围绕那种新的可能性进行详细探讨，可能会产生一种独特的创意。

（3）基本动作⑫　选择切入点　（视角）

★知识储备量和反复试行是决定胜负的办法

下面将围绕所选的架构套用哪一种切入点（视角）进行阐述。著名广告人 J. W. Young 曾说过一句经典的话，（出自《创意构建法》阪急通讯）"创意除了现有因素的更新组合之外再无其他"。换言之，世界上没有所谓新的创意，挖掘新创意纯粹是在浪费时间。

为了构建创意，需要具备3个因素：我们必须记住与各种信息相关的现成构思，在需要的时候迅速提取，把它们组合起来思考。

切入点也是一样的道理。首先，尽量记住更多常规切入点是发现好的切入点的捷径。只要把它们一个一个拿出来组合，就会找到与某个主题相对应的那一个。知识储备量和反复试行是决定胜负的办法。

★都有什么切入点

首先希望大家记住社会上常用的一般切入点。图5-7列举了几种，你知道几种呢？这些内容大都属于常识性知识，大家应该比较熟悉。

● 2点组合

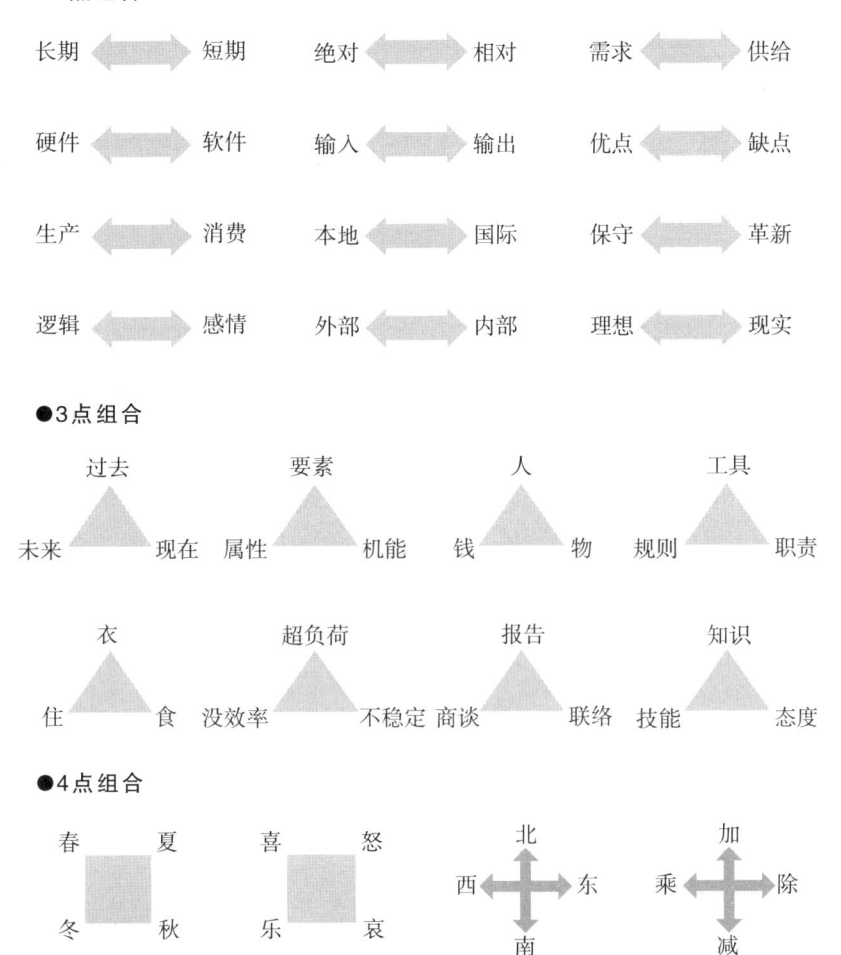

长期 ⇔ 短期　　绝对 ⇔ 相对　　需求 ⇔ 供给

硬件 ⇔ 软件　　输入 ⇔ 输出　　优点 ⇔ 缺点

生产 ⇔ 消费　　本地 ⇔ 国际　　保守 ⇔ 革新

逻辑 ⇔ 感情　　外部 ⇔ 内部　　理想 ⇔ 现实

● 3点组合

过去 / 未来 — 现在

要素 / 属性 — 机能

人 / 钱 — 物

工具 / 规则 — 职责

衣 / 住 — 食

超负荷 / 没效率 — 不稳定

报告 / 商谈 — 联络

知识 / 技能 — 态度

● 4点组合

春 夏 / 冬 秋

喜 怒 / 乐 哀

北 西 东 南

加 乘 除 减

图 5-7　切入点的范例

关键在于你能否在实战环境中拿出来使用。如果你本来知道它们，却没有拿出来用，那么和不知道没有任何差别。建议大家从日常生活中做起，在阅读书籍、新闻和提高个人素养的同时，有意识地训练自己去运用它们。

还有一点，我们需要记住会议主题特有的切入点。关于这一点，稍后会进行详细阐述，如果放在商务场合，则有一些像战略立案、解决问题、市场等常用的切入点。如果你是一个企业家，建议你记住这些常用的知识。

而且，如果你记住商务圈以外的其他切入点，就可以当成新的切入点拿来。此外，当你参与个人爱好、志愿者、地区活动等商务圈以外的其他活动时，为了增加切入点，请务必灵活应用相关知识。

（4）实际应用商务架构

★商务架构是什么

这样一来，我们把代表性架构和商务圈常用的切入点组合起来，就构成所谓的商务架构（也叫工具）。

很多商务架构是经营学家和经营顾问从商业运作角度出发，进行开发和提倡的一类知识体系。远至古典模式，近至今天的流行模式，架构的种类不胜枚举。对此，我们应该向前人的努力表示敬意，正因为有了它们，我们才能从逻辑角度出发思考商业运作的过程，才能站在世界通用的平台上展开讨论。

置身于商务圈的人自不必说，行外人也一样。只要我们运用商业架构，就会找到新的发现。希望展开逻辑讨论的每一个人都应该尽己所能地掌握更多的商业架构。

在本节中，将以商务情境为演示对象，为大家介绍一些必备的商业架构的典型例子。没有一一阐述的内容将放在本书附册《提升逻辑思考力之超强工具箱　架构集127》中。请你随身携带这个小册子，在进行逻辑思考和逻辑讨论实战中可以有效地利用它们。

★ 战略系列

战略立案架构的种类可谓百花争艳，每年都有人提出一些新的方法。在此希望大家记住的基本模式是 SWOT 分析法和 3C 模型。不管哪一种都适用于商务圈及商务圈以外的其他领域，如构建区域社会展望、个人生涯规划等。

在 SWOT 分析中，为确定企业经营战略，应筛选出企业内部资源的优势（Strengths）和竞争劣势（Weaknesses）、因外部环境变化带来的机会（Opportunities）和威胁（Threats）4 个因素。当大致找出这些因素后，需对它们进行组合，在此基础上思考理想的企业经营战略。

优势×机会：利用优势，抓住机会。

优势×威胁：利用优势，超越威胁。

劣势×机会：利用机会，克服劣势。

劣势×威胁：面对威胁，保护劣势。

当没有选择这 4 个因素的标准时，企业本身的优势会因为观点不同而转化成劣势。换句话讲，需要分析什么是企业的资源优势，什么是威胁，而且要确定企业经营战略，必须对企业内部资源和外部环境有所认知。

优势（S）	劣势（W）
·前沿技术研发能力 ·世界营销网络 ·国内市场份额第一 ·与大学间的合作关系	·对顾客需求的把握能力 ·低端品牌形象 ·组织结构僵硬化 ·正式员工高龄化
机会（O）	威胁（T）
·面临信息化社会 ·金砖四国市场抬头 ·放宽限制 ·雇佣形式多样化	·高龄少子社会 ·地球环境问题 ·企业竞争激化 ·全球经济

优势（S）、劣势（W）：发掘企业内部资源和课题

机会（O）、威胁（T）：查清企业外部环境变化

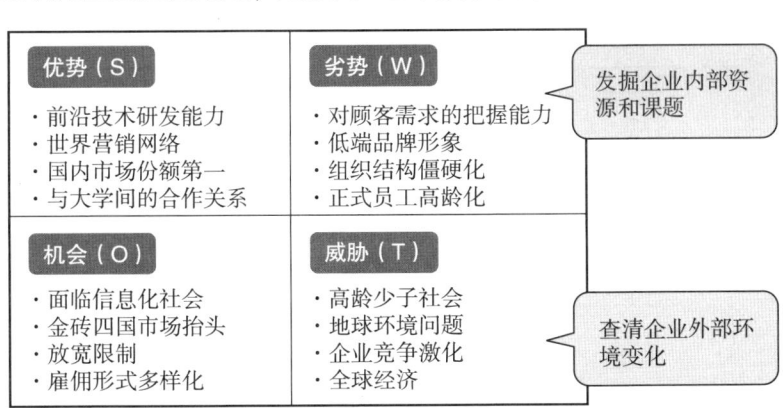

图 5-8　SWOT

3C 模型和 SWOT 分析相同，是一种通过组合企业内部资源和外部环境，确定企业经营战略的架构。3C 取与企业经营相关的公司顾客（Customer）、竞争对手（Competition）、公司自身（Corporation）的第一个英文字母缩写而成。此外，例如价值链、PPM、波特五力分析模型等方法也比较常用。

★ 市场系列

市场系列架构中最著名的方法当属综合分析市场营销组合战略的 4P。4P 是一种从产品（Product）、价格（Price）、流通（Place）和促销（Promotion）4 个角度着手分析问题的方法。营销人员通过这 4 个因素的组合，确定最佳市场营销组合战略。

4P 的缺点是多从企业自身出发分析问题。这时，可以采用从消费者立场出发的 4C，即消费者（Consumer）、成本（Cost）、便利性（Convenience）、沟通（Communication）4 个要素。

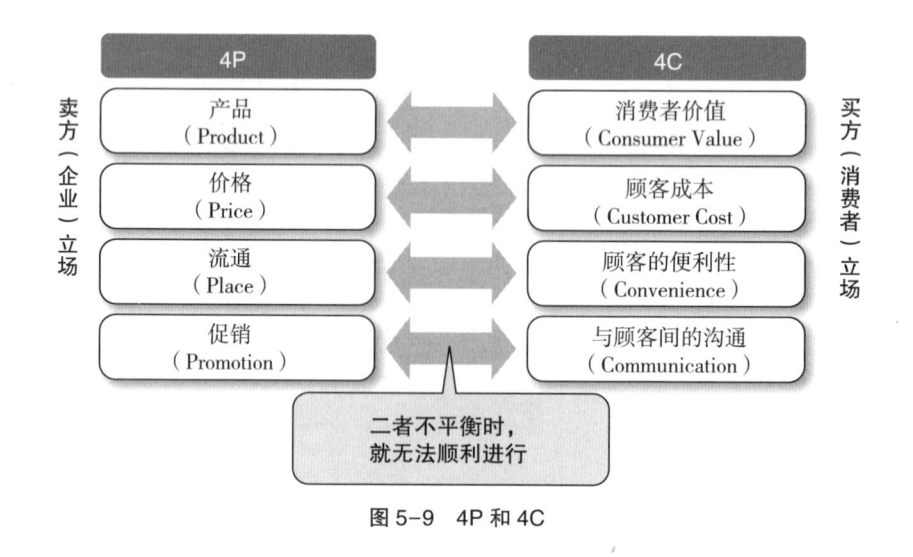

卖方（企业）立场	4P		4C	买方（消费者）立场
	产品（Product）	⇄	消费者价值（Consumer Value）	
	价格（Price）	⇄	顾客成本（Customer Cost）	
	流通（Place）	⇄	顾客的便利性（Convenience）	
	促销（Promotion）	⇄	与顾客间的沟通（Communication）	

二者不平衡时，就无法顺利进行

图 5-9　4P 和 4C

此外，一种新产品面市后，按消费者类型分类的创新理论（Innovator Theory）则发挥作用。该理论包括革新者（Innovator）、早期采用者（Early Adopter）、前期追随者（Early Majority）、后期追随者（Late Majority）、落后者（Laggard）5 个要素。

此外，定位图和产品生命周期（PLC）等都是市场系列架构的传统分析方法。

★解决问题和改善业务系列

只要把基本动作⑪"选择架构（模式）"中介绍的 4 种架构原封不动地用于亟待解决的主题，就能作为所有解决问题和改善业务系列的架构使用。

举一个例子，是第 3 章曾提到的逻辑树。逻辑树在列举所有（无遗漏）导致问题发生的因素和找出关键问题时非常有效。此外，还有一种特性要因图（鱼骨图 Fishbone Chart）。

当问题进一步趋于复杂，如果采用树状结构无法处理时，就轮到流程图登场了。近来，在日本比较受人关注的是系统思考法。这种方法不是把问题的原因归结到要素上，而是从整体结构出发对复杂事物之间的关系进行研究的方法。具体地讲，它是一种运用原因和结果的循环结构描述问题、分析结构怎样变化的架构。

此外，解决问题的架构不计其数。由日本人设计，对推动业务改善活动大有建树的新 QC7 工具（关联图法、系统图法、亲和图法、矩阵图法、PDPC 法、箭形图法、矩阵解析法）绝对称得上是解决问题的架构集。

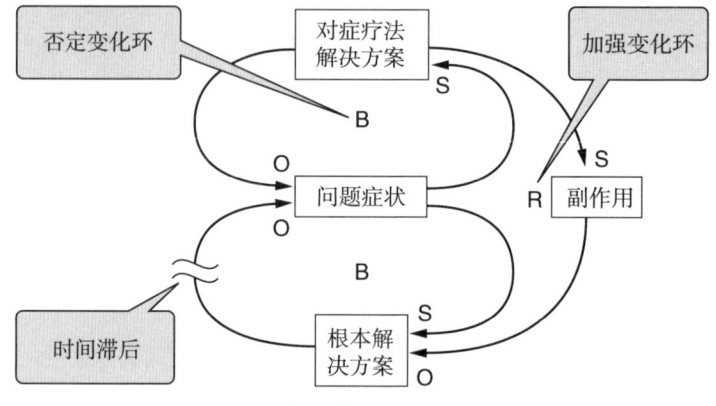

图 5-10　进行系统思考时采用的关联图

★ 构思创意系列

引导人们发挥自由创意时的常用工具是思维导图（Mind Map）。思维导图是促动师在白板中心标明会议主题、按切入点分类记录大家提出的意见的一种方法。该法通过区分构成观点的主干和旁支，建起一个树状（或为变形虫样）的结构。

思维导图属于树状结构之一，因此，不需要注意 MECE，其特征是从中央主题向四周自由地伸出由观点构成的枝叶。促动师在进行连接的过程中，创意会不断地扩展开来。

与思维导图相对的方法是运用半强制手段引导创意的曼陀罗思考法。该法由一个 3×3 的九宫格构成，促动师在九宫格中心标明主题。参会成员一边看会议主题，一边在周围的 8 个格中填写想法。随后，促动师进一步从其中选择一个格，按同法延伸另外 8 个创意。如此反复，直到引出无限创意。

此外，对想不出创意切入点的人，建议使用一种被称为"奥斯本检核表"的能集中构思点的架构。此外，还有加减乘除、要素、功能及属性等被用来刺激思维切入点的方法。

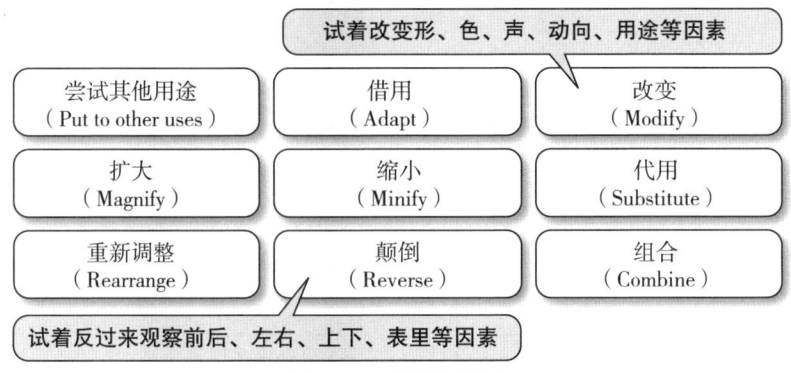

	试着改变形、色、声、动向、用途等因素	
尝试其他用途 （Put to other uses）	借用 （Adapt）	改变 （Modify）
扩大 （Magnify）	缩小 （Minify）	代用 （Substitute）
重新调整 （Rearrange）	颠倒 （Reverse）	组合 （Combine）

试着反过来观察前后、左右、上下、表里等因素

图 5-11 奥斯本检核表

★决策系列

当你必须判定某件事物为是或非时，矩阵式结构最适用。

面对做或不做的二元对立问题时，我们可以选择前章所述的赞成与反对表。该表是一种围绕某一主题，按赞成意见（Pros）和反对意见（Cons）进行归纳整理，确定哪一种最佳的方法。

当评价标准集中在两个坐标轴上时，就轮到支付矩阵（收益矩阵）登场了。支付矩阵在解决问题时经常用到，是一种选择创意的有效方法。一般按效果大与小、可轻松实现与难以实现两轴入手分析。切入点不必限定这两种，只要能构成输入输出关系即可。

与支付矩阵相似的方法是重要度与紧急度相关矩阵。该法是按重要度和紧急度两个坐标轴对业务进行整理、分析工作优先顺序的一种方法。

此外，如果评价标准较多时，一般采用第 4 章介绍的决策矩阵。决策矩阵的优点在于能够自由选择评价标准，对复杂的主题也可以进行轻松处理。简单操作时设定"△○×项"；完整操作时可以标注分数。不管怎么操作，重要性（重要程度）的写法都很关键，如果写法不认真，就无法得出他人认同的结论。

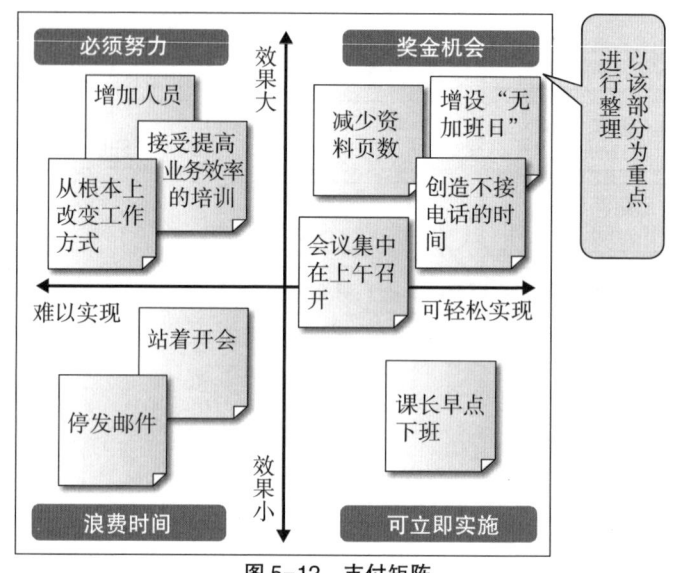

图 5-12 支付矩阵

★管理系列

管理系列架构中使用最广的是 PDCA 循环。这是一种按计划（Plan）、执行（Do）、检查（Check）、行动（Action）的循环周而复始地运作，从而实现目标的思考方法。

最好将 PDCA 循环与 5W1H 法一起合并使用。5W1H 是采用为什么执行（Why），对象是什么（What），由谁执行（Who），在什么地方执行（Where），在什么时间执行，什么时间完成（When），采取哪些有效措施（How），（有时增加 How much 项）进行扣题的方法。该法远至概念立案和制定行动计划，近至制作资料、"报联商"（报告——联络——商量），广泛用于各种场合。当切入点较多时，有时也集中采用

3W 法（What、Who、When）。

另一种建议大家采用的方法是项目管理中常用的 KPT。首先，KPT 从项目运作开始就进行往期回顾，列举工作中做的好的，即今后要保持的（Keep）；其次，挑出工作中做的不好的，出现的问题（Program）；最后，在前面工作的基础上，提出今后工作中要尝试的，即挑战（Try）。这样一来，就能对往期项目活动进行有效的回顾。

★ 组织开发系列

组织在构建人员、结构、企业氛围时经常被提到。关于人的因素，一般从知识（Knowledge）、技能（Skill）、态度（Motivation）几方面入手分析。各因素还有可以进一步细分的架构。

工作中做的好的，继续进行　　面向未来，挑战新事物

K
·事前制定详细周密的计划
·寻求相关部门间的协作
·每周回顾
·有效利用邮寄清单

T
·认真进行后续工作
·预算要留出余地
·采用邮件以外的其他联系方式
·项目启动提前3个月
·设计问与答（Q&A）
·挖掘新人才
·重新界定概念

P
·最后一周突击作业
·预算出现重大失误
·机动调配人手不足
·人员不同，处理有差别

工作中做的不好的，改变方式

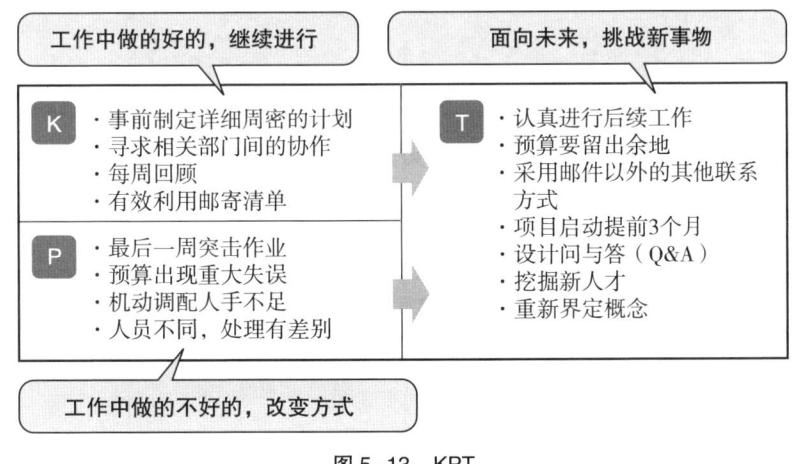

图 5-13　KPT

在组织开发型结构中，从技能和态度两轴入手分析问题的意愿能力（Will-Skill）矩阵对于探讨企业人才价值开发能提供有用的线索。该法并不是不分主次地思考如何培育人才，而是根据各人的特性提出相应的指导方法。是一种用于指导下属和企划培训的有效方法。

与企业领导层相关的架构一样，人才开发是必不可少的构成因素。其代表方法是从实现群体的课题目标（Performance Function）和维持团体关系（Maintenance Function）两轴出发分析问题的 PM 理论。PM 理论把领导大致分成 4 种类型。

这类按人才类型划分的架构还有赫曼模式和迈尔斯类型指标（MBTI）等很多。

★沟通系列

把握人与人之间沟通方式的方法很多，例如主张、背景与含义，目录与进程，逻辑与情感等各种不同的架构。以第 4 章专栏 PRES 为代表的演讲架构在说服他人和谈判中很有用。

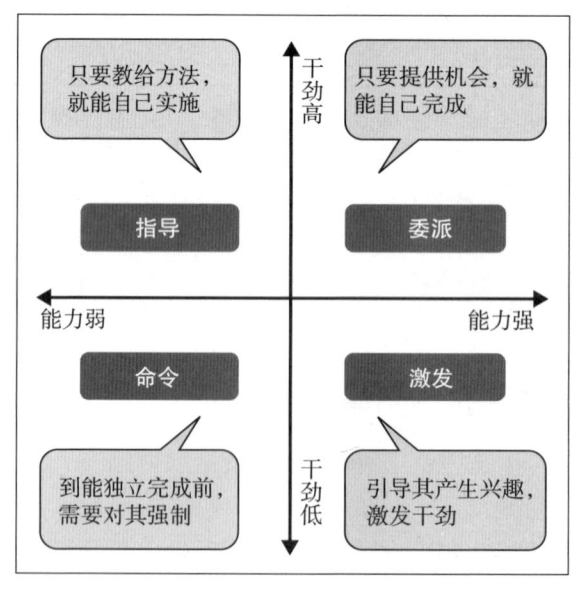

图 5-14　意愿能力（Will-Skill）矩阵

3 确认一下你的架构能力

（1）确认理解能力的练习

★实战练习：怎样提高实行项目的效率化

这里正在召开一场会议，3名参会者正在围绕"实行项目的效率化"这一议题进行讨论。大家的观点似乎有些不一致。问题究竟出在哪儿呢？请找出每个人使用的架构，在此基础上，提出你认为应该采用的架构。

A：如果希望项目效率提高30%，不仅要从工作方法入手，还要提高个人能力。其中最紧迫的问题应该是迅速提高个人的专业知识水平吧。

B：这一点毋庸置疑，但不管从哪个方面考虑，这种方法都属于长期对策。与此相比，我认为减少无效工作可能收效会更快。最突出的问题是业务壁垒，或者部门之间的工作环节衔接不畅。

C：从无效工作这层意义上来说，我们是否需要重新检查一遍必备环节的工时分配呢？最近，虽然大家工作繁忙，但产量却迟迟跟不上。

A：原因不就是因为工作人员的技能不足嘛！比如，有些人因表格或数据库软件的操作不熟练，导致分析过程耗时太长。

B：没错！在这些人的环节上工作会停滞，所以项目整体进展不畅，这种情况很常见。而且，前半部分工序滞后，只能集中在后面的工序处理。最后，大家不得不突击赶工。

C：这种情况必须进行紧急处理，因为我们还要应付突发事件。如果不区别对待紧急工作和重要工作，我们就得不分昼夜，"穷忙穷忙，越穷越忙"。

图 5-15 思考架构不统一的会议

A：所以，大家对于工作越来越没干劲。情绪因素很关键，只要有干劲，工作效率就能迅速提高。所以我们一定要好好探讨这个问题。

B：你说得没错。本来以为自己的工作告一段落，结果因为前工序的失误，只好重新返工，这一点谁都受不了。这种返工最打击人的积极性。

C：是啊。大家只要积极思考"现在什么最重要"，效率一定能得到提高，不是吗？总之，我们没有抓到点子上。

★解析：因大家持的地图不一样，讨论就无法成立

从表面上看，好像几个人之间的沟通很顺利，但仔细观察就会发现其实大家的意见分歧很大。最重要的原因在于：每个人的思考架构各不相同，3 个人 3 种说法，大家没有使用同一架构展开讨论。下面，就让我们逐个来分析。

1）A 氏

让我们先看开场发言，A 氏采用人员、结构与企业氛围 3 个要素对工作方法展开分析。其中，他的着眼点落在人员上，按知识、技能、态度对

人员进行划分。以此为基础试图找出各种解决方案。A 氏的思维模式是把问题分解为上位概念和下位概念，属于典型的树状结构（上情下达）。

架构：树状结构型　切入点：资源

2）B 氏

与 A 氏不同，B 氏的着眼点是工作流。他是这样思考的：只要设法避免工作环节停滞、杜绝返工、推动项目顺利进展，就能提高项目效率。B 氏的发言呈现明显的流程图特征。

架构：流程图型　切入点：部门

3）C 氏

C 氏从输入和输出关系入手对效率一词展开分析。与投入的工时相对能获得多少成果，即费用效果分析。然后，进一步运用重要度与紧急度矩阵分析问题。C 氏似乎习惯于采用矩阵法思考问题。

架构：矩阵式　切入点：效率

上述各种思考架构都没有错误，都是分析提高项目效率时采用的传统方法。这里的关键问题是：统一某种思考架构，按同一结构展开讨论。如果问题无法锁定，可以确定按 3 种方式逐一讨论，然后再一个一个地进行整理。

反复多次，当大家终于一点一点地展开讨论时，再从应该着眼于哪个观点开始。建议先采用树状结构选择提高效率的因素。像 A 氏一样采用逻辑树或特性要因图逐层分解。或者让大家列举想到的问题，采用亲和图进行整理。

一旦着眼点确定，下一步是分析问题。例如，B 氏采用的流程图是一种有效方法。此外，还可以考虑采用系统思考法、关联图等。当然，着眼点不同，不能一概而论。

这样一来，当确定原因和采取措施的要点时，运用头脑风暴法引导出最终方案。在此基础上，采用 C 氏用到的支付矩阵（或决策矩阵）提炼中心即可。时间不够时，可以从这个环节直接进入。

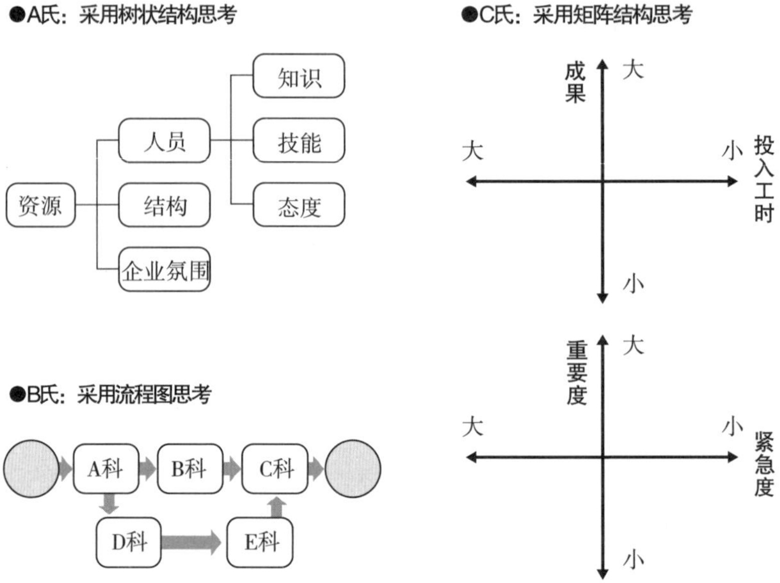

● A氏：采用树状结构思考

● C氏：采用矩阵结构思考

● B氏：采用流程图思考

图 5-16　三个人的思考架构不同

无论哪一种情况，最后都要考虑措施的实际收效，在确认目标完成的基础上，展开 5W1H，作为行动方案进行归纳即可。

（2）提高架构能力的训练

★设想运用架构时的情况

列举一种架构，填入使用方法和具体事例，思考"这种架构还能用于'什么情况'"。

可作为练习使用的架构随处可见，本书的附册当然不用说，参考手册中介绍的教程、一般商务用书、杂志的各部分都有可以拿来练习的架构。

不要仅限于思考，请在实践中试着运用，这样收效更显著（但不要强迫自己，请轻松地进行练习）。

★一种情况，适用多种架构

该练习与上面的练习完全相反。请设想某种情况（例如：决定大家的旅行目的地），思考"在这种情况下应该采用哪种架构"。在某种场合下使用的架构会不限于一种，当你体会到这一点时，陆续想到的架构范围就会扩展开来。

★专注于使用万能架构

你可以在短期内专注于使用一些适用于大多数情况的万能架构。养成架构化思考的习惯，让自己学会辨别在什么场合下什么架构可用，什么场合下该架构不可用中。建议你使用的万能架构如下。

①顾客/ 竞争/ 公司自身（3C 模型），或环境/ 竞争对手/自己。
②优势/劣势/ 机会/ 威胁（SWOT）。
③因素/ 功能/ 属性：用"由什么因素构成"、"承担什么功能"和"有什么属性"，对某对象进行架构化处理。
④规则/ 职责/ 工具：用"步骤和规则"、"职责"和"使用工具"，对某活动进行架构化处理。
⑤方便/ 不可替代性/ 可执行性：思考某一方案"获得的好处"、"其他方案不具备的特色"、"应对成本和风险的可能"。

但是，请不要毫无道理地执着于某种架构，如果判断这种架构无论如何行不通时，索性毫不迟疑地撤回。

★亲自动手创建矩阵的两个坐标轴

请按第 3 章练习创建树状图。在此，介绍创建矩阵结构的练习方法。

选择一个关键词作为会议主题，该关键词应包括多个选项或例子。例如：专业棒球队、爵士乐演奏者、你所在的企业推出的商品等。选项或例子形式不拘，选择什么都可以。

其次，思考怎样把该主题包含的选项或例子均衡分布在两个坐标轴上。以图 5-17 为例，"A 与 B"是一个坐标轴，"C 与 D"是另一个坐标轴。

图 5-17 矩阵式结构

只要选项或例子在田字格内均衡分布，就说明你已独立完成对两个坐标轴的设定。

★使用流程图

最后是熟悉流程图结构的练习。

①准备便笺。

②设定一个会议主题，该主题由一系列步骤或阶段构成。此外，还可以采用生产工序、订货流程等作主题；"顾客知道了我们店，来我们店购物"等主题也可以。

图 5-18 流程图

③确定步骤或阶段的起点和终点，写在便笺上，再贴到白板上。

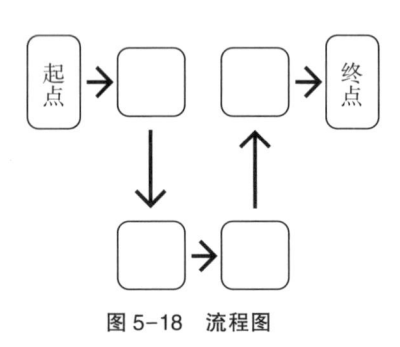

④在便笺上标明从起点到终点的一系列流程，按顺序在白板上排列，各便笺用"箭头（→）"相连。

4　现场实战之架构技巧

（1）成为运用架构的高手

★首先亲自体验

商务架构如满天繁星般数不胜数，全部记住是不可能的。而且，死记硬背书本上的理论知识没有任何意义，只有在现场实际运用，才能切实掌握。

首先，请选择一种你喜欢的模式试用。但在会议中突如其来地拿出来用会不恰当。请你首先一个人一边试用一边思考。等到掌握要领后，再拿到会议中去实践。

当你在会议中实际运用时，可能会遇到很多意想不到的情况，比如有人会提出质疑"这个切入点对吗"、"哎，那个坐标轴是什么意思"、"有没有其他更好的架构"……

你会一边冒着冷汗，一边为应对这种局面而运用很多方法进行说明，在这个过程中，你就会逐步积累起很多灵活运用架构的技巧。直到这时，你才开始具备使用架构的能力。

★积累丰富的经验

想必大家最苦恼的问题莫过于在什么时候、使用哪一种架构。本书提到了一些常用方法，但是，如果你不拿到实践中运用，一样不会理解。

不要纸上谈兵，首先请试着在实践中运用。如果行不通，再改一种方法。请抱着这种想法去实践。

积累经验，反复试行，正是通往进步的最佳捷径。错误和失败能够帮助我们获得提高。

F：让我们先试用一下这种架构，如果谁觉得不好，可以提出来。我们停下来重来。

F：抱歉，这种架构似乎不合适。那么，大家觉得这种怎么样？我们用它试试看，好吗？

★ 随身携带多种工具

如上所示，开始练习时的重点不是增加架构的数量，而是掌握自己真正可用的必杀技，即所谓"十八般武艺"。在某个场合中，使用某种架构，就能进入某段程序。

在逐步积累方法的基础上，促动师应尽可能地掌握变化技巧。如果没有创新，"我只知道这种方法，让我用它吧"，就不会思考最佳架构。结果使用生搬硬套的架构展开讨论，无法引导大家发挥群策群力。这就叫做本末倒置。

正因为一个接一个换用不同的方法尝试，促动师才能发现与会议主题相应、大家认同的模式。通过改换各种不同架构进行思考，才能实现灵活构思。当思路枯竭时，也能随机应变、灵活转换。随身携带的架构的数量就是灵活运用的能力。

最后，请你跳出现成的架构。观察讨论的进展情况，把现场内容当成材料，即时思考特定的方法。以此为基础，开发一种属于你的新的必杀技。

F：根据大家讨论的进展情况，我想到一种架构，让我们用这种方法试试看吧？

（2）记住正确的用法

★令人生畏的架构

近来，笔者注意到不少人对架构的应用明显不对。

如前所述，很多商务架构是经营学家和经营顾问以经营分析和战略立案为目的而开发出来的方法。换句话讲，架构具有构建的目的和产生的背景。

例如，有一种称为产品投资组合管理（PPM）的传统架构。该方法采用市场增长率和相对市场占有率的两轴矩阵对企业业务进行整理，把企业业务分为"问题产品"、"新星产品"、"瘦狗产品"、"金牛产品"几类。是一种分析在什么项目中进行什么投资的有效工具。

但是，PPM架构主要面对从事多个项目经营的美国大型综合企业，它是以这类企业的业务重组为出发点派生出来的方法论。因为当项目过多时，什么项目的前瞻性好，在该项目中投放多少资金，资金从何处筹措等问题很难确定。

当运用PPM理论对仅经营2~3个项目的企业展开分析，把一个项目生硬地分解成几个产品片段时会毫无意义可言。不仅如此，因为项目的分法不同，可能导致企业做出错误的决策。

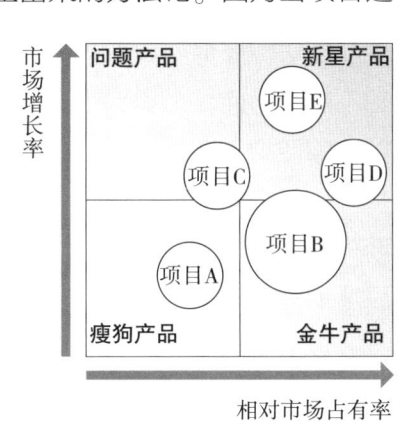

图5-19 PPM

也就是说，商业架构是一把"双刃剑"。正确使用时，其外表会呈现锋利的一面，一旦用错，讨论可能会陷入十分尴尬的境地。最初运用时，只能一边看一边模仿。但如果你期望的目标更高，最好从调查原始文献入手，弄清你正在使用的架构的目的和背景。

★ 架构不是为了回答问题

还有一点，运用架构的人容易犯一个错误：以为只要使用架构就能找到答案。

架构是一种提供思路的方法论，可以说是一种在脑海里整理、分析主题的工具。运用这种工具能得出什么样的答案是因人而异的。

代表方法如决策矩阵。我们很容易把决策矩阵当成一种计算最佳选项的机器。笔者经常看到一些人埋头进行分数计算（特别是理工科出身的人），结果"因为这个选项的因素高出 5 分，所以本次会议采用这种方法"。

在此，重要的问题不是针对哪个选项得了多少分来展开讨论，而是创建什么样的评价轴，在坐标轴上设定怎样的重要事项，以此为中心进行讨论。也就是说，讨论的本质是对价值观的认同。

而且，计算结果是 5 分之差还是 10 分之差，并没有太大意义。只要对重要程度稍加调整，得分就会发生很大变化，当然，这里也有评价轴不能一一描述的参会者的情感和规则方面的问题。另外还有一种可能：即使综合评分不高，选择大家自信能够完成的选项会更好。

在实际情况下，我们会看到一些因为计算结果和直觉不符而努力调整评价得分的人。这种做法完全是本末倒置，如果那么做，还不如从开始就根据自己的直觉选择，省得麻烦。

再重申一遍，自始至终，架构只是一种促进思考的工具。怎样运用这种工具思考问题，还要交给正在进行讨论的成员。关于这一点，请千万不要误解！

（3）运用架构有 "章" 可循

★注意取出工具的时机

运用商务架构时还要注意一点，这就是运用的时机。斟酌时机是善用架构的窍门。

本章开篇就谈到了架构的利与弊。有架构时，大家更容易各抒己见；反之，人的构思容易被禁锢在固定的架构中，从而阻碍新的构思产生。特别当成员对议题不熟悉时，这种倾向尤为明显。

没有架构时，可能完全没有人发表意见，这种情况当然没办法，但有架构时，关键不是从会议一开始就取出工具，而是斟酌出招的时机。

讨论分为发散和收束两个阶段。例如，讨论开始时，在没有架构约束的条件下任由大家自由讨论。到了一定阶段，当不再有人提出新的见解时，讨论就会进入来回兜圈子的混沌状态。这时正是取出工具（架构）的时机。促动师应根据已收集到的意见的范围和讨论情况做出判断，向大家提议最佳架构。

F：下面，我们要进入归纳阶段。大家认为应该采用什么架构对之前的意见进行整理呢？如果大家没有意见，我有一个提议……

F：从刚才开始，大家一直围着一个问题绕来绕去。我们是不是采用这种架构整理一下，大家觉得怎么样？

这样做，既能引导成员自由构思，沿着结束混沌局面的方向发展，还能对所有摆出来的意见有无遗漏进行检查。

运用架构的时机很重要，过早则限制思考，过晚则白白浪费时间。促动师需要学会判断运用架构的时机。

★让大家参与设定架构

运用架构的人有一个容易掉进的陷阱：或者因为想试一试架构外表的锋利程度，或者因为所知有限，强迫他人接受自己擅长的一种架构。

但是，对于这种情况，大家不好指责"这种架构不好用"、"这种结构好像不对"。结果，因为使用架构，大家参与讨论的积极性反而降低，只有促动师自己志得意满。

首先，促动师需要注意几种情况：自己想用的架构是否符合议题，参会者是否认同，此外，大家是否不好提出异议。

在实际运用架构的过程中，促动师一定要听取大家的意见，这是一项铁的原则。架构原本不是由一个人思考并提议的，而是由大家一起讨论并决定的。可能有人会想到更好的形式。请集合大家的智慧，选择最恰当的架构吧。

F：从下面开始，讨论怎样继续？大家有没有想到更好的架构？

当参会者想不出其他架构时，促动师只能搬出原始方案。即使如此，促动师仍应准备几种方案让大家选择，并弄清大家是否真的认可。

F：A和B，大家认为哪一种更便于操作？
F：采用这种架构，大家认为可以吗？

这样做，参会者对架构的认同程度会更高，也更容易接受结论。提出架构的方式不同，大家对讨论的理解会发生很大的变化。

专栏5 你是哪一派

运用架构的人大致分为两类，一类是树状结构派，另一类是矩阵派。两派不仅思考的结构不同，其面部表情也各不相同，这种现象十分有趣。

提起树状结构派，认真细致，行事一丝不苟者似乎占绝大多数。正所谓"连石桥也要敲着过"的类型，他们逻辑思维缜密。换句话形容，属于严谨耿直、顽固不化的类型。

这类人有一个不好的习惯，无论干什么事，都喜欢把很多事情并列在一起，动辄断言："这样做不符合MECE原则"，"这样做层次不清"。在无遗漏、包含一切方面，他们表现得十分执着。

与他们相对，矩阵派多为所谓的敏感型人。当这类人看到讨论局面陷入混乱时，往往会冒出一句"哦，我明白了！"然后，在白板上画出坐标轴，把意见一分为二，进行整理。他们是那种为自己干脆利落的行事风格洋洋得意的类型。

经营顾问中多见矩阵派，在业界，他们习惯采用（凡事一分为二）"切割坐标轴"这样的说话方式。在从事咨询顾问的人之间，像"这种分析更透彻"一样，他们会围绕某一坐标轴的评定展开针锋相对的讨论。这种类型的人也有一个不好的习惯：凡事好用坐标轴一刀切，惹人不快的情形时有发生……

当然，笔者并不想谈论孰优孰劣。本意希望大家平均使用这两种方法，但人类往往如此，或者倾向于思考，或者倾向于好恶，总是不自主地一边倒。

你属于哪种类型呢？什么，提出这个问题的笔者属于哪一派？大家只要看一眼本书的结构和说明，答案会一目了然……

终结章

推动讨论
Facilitation

1 试试看你的能力怎么样

2 仅凭逻辑能否推动会议现场

1　试试看你的能力怎么样

★怎样介入才算是逻辑

到这里，本书已经针对逻辑讨论中促动师的 5 项职责和 12 个基本动作进行了阐述。作为本书的总复习，让我们看看实际会议中的应用情况。

某家公司召开例会，大家正在围绕"减少加班时间"这个议题展开讨论。如果你是参会成员之一，你会针对哪一句发言怎样介入，请以本书学到的知识为基础，试着思考。

F：下面进入今天的第 3 项议题。大家知道，人事部门提到"实现零加班"这个问题，我们应该怎样具体实施？

A：什么？我们每天这么忙，怎么可能零加班？人事部门说的都是什么啊。

F：是啊……小 B，你怎么看待这个问题？

B：百分之百行不通。我们部门上个月又有两个人辞职，现在可是困难重重。

F：很困难啊……我也有同感，你的心情我理解。但是，其他部门好像已经开始采取各种措施。如果我们不做点什么，可能说不过去……

A：以前人事部也提过类似的要求，结果还是不了了之。不管怎么样，这事行不通。

F：但是，毕竟上面要求制定行动计划……大家有什么建议吗？

A：那么，设一个无加班日怎么样？听说只要管理层率先示范、落实管理指导，营业部就有相应的效果。

B：提到率先示范，或许我们请部长向人事部提议我们部门免除这项政策效果更快。

F：哎，由我向部长提这件事？

B：对呀。如果我们一个部门不好办，可以联合其他部门一起……听说，开发部从一开始就不在适用范围内，他们每个月的加班时间多达 20 小时。

A：哎，这个我倒不知道。如果开发部可以的话，那我们问题也不大。而且，如果和无加班日一起提议，一定顺利过关。

图 1　没有逻辑的讨论

F：这样做真没问题吗……

A：没问题！那么，你有什么更好的提议吗？

F：不，那倒不是……

A：那么，就这么定了。剩下的问题比如限制加班时间等，我们可以分别向人事部和部长交涉。一切全看部长的努力了。

★ 这场讨论的问题出在哪儿

上面的会议大致得出了结论，但是，部长会赞成这项提案吗，这项提案什么地方不好，让我们根据本书的思路，试着列举一些问题。

第1章 概括

论点不明确，相互之间的论点不一致……P25

本来承担引导逻辑讨论一职的促动师却用"怎么办"、"大家有什么提议吗"这种模糊不清的论点向参会者提问。由于这个原因，会议的主旨本来是制定行动计划，结果却成了推翻讨论前提的讨论。

意义不明的用词过多，招致误解……P37

"困难"、"率先示范"、"管理指导"、"落实"这类似是而非的词语过多。由于这个原因，大家似乎产生了一些误解。

第2章 验证

放弃分析，思考过程中断……P67

从会议一开始，就有人放弃分析问题，认为"不可能"、"无论如何我们……"一开始就做出行不通的论断，大家又怎么能提出建设性的意见！

论点无根据，不可信……P74

如果其他部门可以，我们问题也不大。以此类推，如果上一次行不通，这一次也不可能。此外，有人断言这项提案"没问题"，原因是什么，每一句都没有根据，观点不可信。

　　自以为是，考虑不周……P86

　　如果想减少加班，可以减少总业务量，或者可以提高工作效率等，理应提出很多建议，结果大家却完全没有对这些可能因素展开探讨，仅凭偶然的想法得出结论。

第3章　整理

　　发散思维和收束思维的循环过程不畅……P117

　　提出一个观点否决一个观点，再提出一个，再否决一个，效率不高。自始至终，只是在叙述一个偶然的想法。如果不从众多提议中选择最好的方案，讨论的质量将无法提高。

　　意见未经整理，数量也较少……P149

　　虽然讨论者提出了几条方案，但未对它们进行整理。大家对议案的整体情况不了解，讨论了几个问题，哪一个没有讨论，均不清楚。结果，发展成第3章所述的"冲动病"。

第4章　统一

　　优先顺序和判断标准不明……P153

　　确定最终提案的理由不明确，其选择标准是什么也不清楚。只有讨论的方向围绕该提案进行了，但离合理选择相去甚远。

　　强制推动讨论……P181

　　会议最后阶段，小A用"那么，你有什么更好的提议吗"的方式压迫别人，采用强制手段使自己的提议获得了通过。这种强迫他人认同的方法不可取。

第5章　架构

　　讨论的架构未做可视化处理……P186

　　纵观会议的整体情况，完全看不出参会者在采用什么架构展开讨论。这只是单纯的"对话"，而不是"讨论"。并且是典型的纸上谈兵，似乎也没有用白板。讨论意见分歧、结论水平低下的最大的原因正是这一点。

★**促动师实战**

那么，在实际情况下，促动师应该怎样施加影响呢，让我们一起回顾一遍前面的例子。

补充一点，下面的分析不是正确答案，此外，应该还有一些有待深入探讨的重点问题。根据促动师与对方的关系，其介入的方式将有所变化。请把下例当成参考从中借鉴。首先，让我们从第1章和第2章所述的"影响个人"开始。

F：根据人事部下达的指示，今天，我们将围绕"怎样实现零加班"这一议题展开讨论。**基本动作①**

A：什么，零加班怎么可能？人事部门说的都是什么啊。

F：那么，你想说？**基本动作②**

A：工作量不减，人员不断减少。

F：那么是减少工作量？还是增加人员？**基本动作③**

A：是啊，只能减少工作量。

B：对，因为工作太多，所以加班。

F：工作多，具体指什么？**基本动作③**

B：比如：我部门和其他部门之间的协调会议，总结上报资料等，最近，企业内部业务不断增加。

F：为什么这样？原因是什么？**基本动作④**

A：企业管理不善吧……

F：是吗？是不是因为我们的工作方法跟不上呢？**基本动作⑤**

B：嗯，也有这方面的原因。但是，开起会来没完没了，根本是在浪费时间。如果设法调整，应该可以缩短开会时间。

F：还有其他导致工作量增加的原因吗？**基本动作⑥**

A：唉，比如环境问题、企业社会责任……企业活动也非常多。

后半部分是本书第3~5章所述的"影响团队"。让我们沿用同一个例子。

F：那么，大家的意见基本可以归为两类。一类是尽量减少间接业务，另一类是思考提高工作效率的新方法。其他还有什么吗？**基本动作⑧**

A：还有一点，大家可以帮助加班多的人。

F：这也是一个提高整体效率的方法。那么，哪一种优先呢？让我们先从优先度高的入手。**基本动作⑨**

A：所以，像刚才谈到的那样，我们应该首先从减少工作量开始。

F：明白了。那么，让我们先从这个问题开始。但是，减少工作量似乎靠我们自己的力量有解决不了的地方吧？哪些依靠我们自己可行，哪些不可行，也就是说分成委托其他部门的部分和我们自己可行的部分，这样考虑怎么样？**基本动作⑦**

B：这个提议不错。如果我们不动员其他部门……

F：首先，请大家列举我们可行的措施。我在白板上记录。**基本动作⑪**

（中略）

F：大家的建议不少呢！下面，让我们按有效无效对这些内容进行简单地分类，好吗？**基本动作⑫**

（中略）

F：大体分为这几类。很容易比较，效果较好的是这3点。稍后我们可以试着预测一下效果。**基本动作⑩**

A：好是好，但是，仅凭这些措施能实现目标吗？

F：那么，下一步我们可以动员其他部门，大家一起探讨，看看能否减少工作量。**基本动作①**

2　仅凭逻辑能否推动会议现场

本书到此就大体结束了。余下的部分，则交由大家在实战环节进行。下面，本书将针对实践过程中必须注意的几点问题进行阐述，以此作为总结。

★现实社会是合理性制约的世界

在实践过程中有一点请大家千万不能忘记：逻辑讨论是手段，而不是目的。

我们的目的是解决问题，面向更好的未来采取实际行动。其手段是以逻辑为基础针对问题展开讨论。

例如，为了追求逻辑思维的缜密性和正确性，我们必须对所有的数据和可能性进行验证。一旦找到反证，建立起来的设想就会被否定。为了提高论证的合理性，当我们反复探求事物的本质时，不知不觉间就会面对自然和人类的永恒命题。

但是，这些内容属于科学和哲学的范畴。我们展开讨论的问题是实际社会中的现象。只要没能获得所有的信息，我们就没有时间进行完美的证明。不仅如此，如果从合理角度出发思考的话，将发现世间处处充斥着不合理的现象。

也就是说，追求合理性固然重要，但我们必须在有限的信息中对事物做出判断。我们的现实世界是合理性有限的合理制约的世界。

从纵向逻辑的立场来讲，我们只要避免掉进大的陷阱，观点与大致的论点和论据、原因和结果、目的和手段相符即可。横向逻辑也一样，只要观点没有大的遗漏，能够包括全局，就可以充分利用。

进一步讲，即便条理不太相符，我们只要及早采取行动就没有大碍。这种例子是存在的。一定要避免因为过分追求逻辑，反而迷失了本来的目的。

当然，逻辑表述模糊不清，否定直觉和情感并不好；尽管如此，把追求逻辑当成目的也不好。因为在逻辑的世界中，有时我们也需要直觉和情感，正确的方法是："不盲目追求逻辑，也不否定直觉。"

★参与产生认同，认同产生决心

此外，以解决问题为目的思考，只有合理性一点还不够。因为，尽管我们从逻辑角度获得了正确答案，但没有人愿意付诸实施。画饼充饥对讨论来说没有任何意义。

促使人们采取行动解决问题的因素是认同感。虽然心里明白重要，但不理解时，就不会有积极性。

合理性只是理解的一项必备条件。不合理，即没有条理的结论无法获得他人理解。即使这样，如果说只靠合理性就能获得认同，那是不对的。因为当你没有参与讨论时，很难能够理解。

也就是说，是否参加确定讨论的进度，是否在讨论过程中踊跃发言，是否参与最终决策等至关重要。

作为促动师，在促进逻辑讨论的同时，请经常检查大家的参与情况。

同时，促动师不仅要注意发言的数量和内容，还要注意向前探身和抱腕等一切非语言信息。请注意捕捉"心声"（如果想进一步了解这些内容，请参阅同系列书目《向会议要效益4：用会议激活团队》中的内容"团队建设取决于观察力"）。

★控制逻辑战和心理战

与此同时，还有一点很重要，这就是引发共鸣。

我们把逻辑和符合逻辑称为理解。所谓共鸣，如其字面意义所示，即共同分享同样的感情（心情）。大多数人不是因为道理行动，而是受情感驱使采取行动。

例如，即使你毫不留情地否定某个逻辑思维错误的人，对方可能还是固执己见。当你让对方觉得"我被愚弄了"、"我感到羞耻"等自尊心受到伤害时，他反而会进一步负隅顽抗。

不会逻辑思考不是否定某个人本身，即使对方不接受逻辑，也应该接受运用逻辑思考问题的方式。是否可以接近对方的感受，是决定促动师能否用概括和验证的方式成功动员个人的一个重要因素。

团队成员之间也一样，即便懂得理论，但"因为是他说的"，"我不喜欢那种说话方式"……不统一的情况时有发生。身为促动师，仅仅控制逻辑战还不够，还应练就一身操控心理战的本领。如果不这样，好不容易展开的逻辑讨论反而变成单纯的辩论游戏。

★ 不是每个人都通晓逻辑

那么，如果你运用逻辑和感情组合来应对，无论什么讨论都可以解决吗？

很遗憾，实际情况并非如此。即使其他人一再申明理由，即使你努力体谅对方的心情，有的人依然固执己见、不肯做出让步。

完全不听其他人说话，一味逞强地大嚷"我不喜欢"的人，开口闭口"我是课长，我说的话谁敢不听"挥舞权力大棒的人。对这类人无论采用逻辑，还是感情都无济于事。甚至可以说和这类人展开讨论没有意义。

当你和这种人对峙时，采用讨论的民主方式是行不通的，只能借力（Power）打力。

①告知课长的顶头上司，请对方代言。

②集体（群策群力实施）交涉。

③集体反驳（罢工）。

当然，轻易断言某人"他说话没条理"，绝对不行。首先请试着采用逻辑方式耐心地与之争论。本书的目的正在于此。

但是，一味把希望寄托在逻辑上，期待通过逻辑方式解决问题，有时也是行不通的，这一点请务必记住。不要苛责自己"我作为一个促动师能力不够"。

★最大限度地发挥团队力量

补充一点，在这个世界上，即使有的人对逻辑一窍不通，也能发挥出色的才能。

这类人就算不擅长逻辑思考，但在创新型思考（批判思维）领域往往会得心应手，这就是所谓的"天然"人。他们具有高度的直觉能力，经常想到一些非逻辑推论的超越常规的构思，提出一些超常识的大胆提案。

如果把清一色的"逻辑型人"组织在一起进行讨论，他们不仅会对细节问题挑剔，还会发生"连石头桥也要敲着过"的谨小慎微的情况，甚至可能"因为过于谨慎，反而出错"。这时，如果小组中没有擅长创新思考的人，就很难突破思考的壁垒。只凭借逻辑，未必能够解决问题。

促动师本来的职责是最大限度地发挥团队成员的个性和能力，提高相互之间的作用，借助团队力量使问题得到更好的解决。为此，促动师需要把逻辑作为讨论的共同基础，与此同时，充分考虑心理、感情、直觉、关系等因素，来推动讨论的进行。这一点非常重要。

因为要与各式各样的人打交道，所以促动师需要具备"综合能力"。请务必记住一点：逻辑思考是综合能力的重要组成部分，但不是全部。

后序

读完本书，可能有的人会这样想："结论是，如果我不懂逻辑思考，就无法主持会议。""因为我不擅长逻辑思考，所以不适合当促动师。"

在笔者看来，这些想法一半正确，一半错误。

的确，对讨论内容进行整理，理清思路的技巧基础确实是逻辑思考法。掌握逻辑思考的人更容易操纵会议讨论的方向，这一点毋庸置疑。

逻辑思考有适用和不适用之分，但不管是谁，至少应该掌握日常生活层面的逻辑思维能力。即使不能马上付诸实践，了解自己没有学习过的知识也很重要。强烈建议大家学习逻辑思考，提高逻辑思维能力。请务必努力掌握这项能力。

如果在实际会议，也就是，在日常生活解决问题的实践场合中机械地运用逻辑思考的话，进展不顺的情况会很常见。如本书所述，我们生活在一个合理性制约的世界中。如果一味专注于构建缜密的逻辑思维，就无法再向前迈进一步。

而且，逻辑正确和答案正确是完全不同的两个问题。

如果从逻辑角度思考问题，逆向思维的"剧情发生奇迹般的逆转"就不会发生。解决问题是人类的行为，而价值观和信念才是最终解决问题的手段。

进一步讲，"正确"到底是什么？

其实，这是一个非常深奥的哲学问题。在众多学者教授中，甚至有人站在"世间"没有可以称之为"正确"的事物这一立场上看问题。

比如，针对"为什么不能杀人"这个问题，你能从逻辑角度说明它成立的理由吗？虽然我们可以编造出各种各样的理由来阐述这个问题，但对所有问题都可以提出反驳的观点。唯一具有说服力的答案只有一个："因为大家认为不能杀人。"

就是这个答案，因为大多数人支持的思考是"正确"的，因此，仅仅凭借逻辑，我们是无法得出正确答案的。

也就是说，讨论中最重要的因素是，构建大家认同的答案——"建立共识"。大家认为正确的答案就是"正确答案"，相信的力量越强大，我们越能通过自身努力使之成为实际的正确答案。

逻辑思考是建立合理共识的"多数派支持"的思维模式。促动师只要掌握促进建立集体共识的必备知识就足够了。

夸张一点讲，请你把本书中介绍的"真是那样吗""有没有其他想法"等问题写在卡片上，每隔3分钟翻开一张，随机提问，仅仅这样就能推动讨论的进行。

或者，你只要知道整理讨论的步骤，选择必要的时机将"谁能把这个问题分成3个部分？"的实际操作交给团队成员即可。

促动师本人没有必要运用逻辑思考，试着对讨论进行归纳。你只要抓住要点就可以了。即使你并未掌握全部的逻辑思考知识，也能担任促动师。

相反，笔者想对能在一定程度上领导逻辑讨论的人提一点建议，请你千万不要按自己的喜好来滥用逻辑。

近来，笔者突发感触，觉得所谓会议，有一种类似"大人玩的游戏"的感觉。召开会议的现场，就像大家试图把别人带进自己想玩的游戏一样。

例如，"我很伟大游戏"、"脱轨游戏"、"高声反驳游戏"、"博学游戏"、"置若罔闻游戏"等等，形式多样。可能因为大家平时总是对着电脑孤独地伏案工作，所以，会议竟成了"希望他人认可我"，满足个人认可欲的场合。

如果这样，促动师运用基本原则禁止游戏过程继续，或者对开始游戏的人进行教育性指导，这样应对是否恰当呢？或者，让大家开开心心地享受游戏，当注意到时，结论已经得出，这是否才是理想的促动师呢？

滥用逻辑思考、强迫团队成员运用逻辑思考是不成熟的促动师的做法。甚至，一谈到某个话题，迎头便是一句"为什么？"这种让对方哑口无言的情形实在令人无法恭维。笔者认为，发自内心地期待团队成员的满意和成长，在大家未察觉逻辑的情况下理清思路——我们应该成为这样的具备柔性思维和高水平的促动师。

这本书是获得多方支持的产物。借此总结本书之际，向大家表示衷心的感谢。

关于逻辑思考和架构，笔者翻阅了诸多文献资料，借鉴了很多前人的智慧。在此不便一一列举每个人的名字，借此机会，只向这些前辈一并表示由衷的感谢。

笔者在针对促动师逻辑思考应用进行研究的过程中，在日本促动师协会召开的例会及讨论会等场合中获得了很多宝贵意见，特此向参加会议的所有人表达真诚的谢意。

此外，对休假中依然协助本书版面制图的冈田纯子女士、关彻先生、村上和隆先生、中富正好先生及西修先生表达谢意。

还要对该系列丛书前3本著作出版后，不辞辛苦，继续参与本书编辑的经济新闻出版社的堀江宪一先生表示深深的谢意。在堀江先生热忱参与该系列著作编辑的激励下，笔者才对本书投入了更大的热情。

最后，因执笔时间所限，笔者对疏于照顾的爱子，以及在背后默默支持本书执笔工作的爱妻表示真心的谢意，谢谢你们！

特别附录

提升逻辑思考力之超强工具箱
架构集 *127*

战略系列………16 种工具
Strategy
市场系列………11 种工具
Marketing
解决问题系列………27 种工具
Problem Solving
构思创意系列………7 种工具
Ideas
决策系列………6 种工具
Decision making
管理系列………15 种工具
Management
组织开发系列………24 种工具
Organizational Development
沟通系列………6 种工具
Communication
定量分析系列………15 种工具
Quantitative Analysis

战略系列
Strategy

战略系列 | 3C 模型

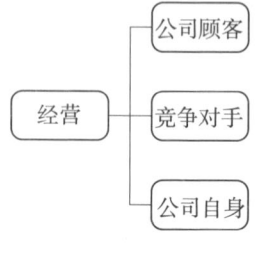

```
       ┌── 公司顾客
经营 ──┼── 竞争对手
       └── 公司自身
```

从与企业经营相关的顾客（Customer）、竞争对手（Competition）、公司自身（Corporation）3 个视角分析获得成功的关键因素（KFS），构建企业经营战略。

战略系列 | SWOT

优势（S）	劣势（W）
机会（O）	威胁（T）

明确企业的资源优势（Strengths）、竞争劣势（Weaknesses）、外部环境变化带来的机会（Opportunities）和威胁（Threats）等，将这些因素有机结合起来，以此确定企业经营战略。

战略系列 | PEST

政治（P）	经济（E）
社会（S）	技术（T）

从政治（Politics）、经济（Economics）、社会（Society）、技术（Technology）4 个视角分析构成企业组织的外部环境。

战略系列 | VRIO

经济价值（V）	稀缺性（R）
难以模仿性（I）	组织（O）

从经济价值（Value）、稀缺性（Rarity）、难以模仿性（Inimitability）和组织（Organization）4 个视角出发，分析企业经营资源及其应用能力。

战略系列 | 五力分析模型（Five Forces Model）

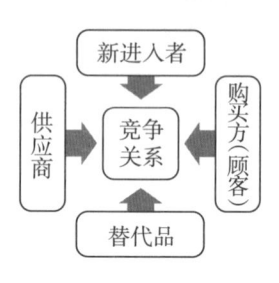

```
            新进入者
              ↓
供应商 → 竞争关系 ← 购买方（顾客）
              ↑
            替代品
```

对 5 种关键竞争因素进行分析，掌握行业竞争现状和市场吸引力，有助于企业的战略立案。

战略系列 | 7S 模型

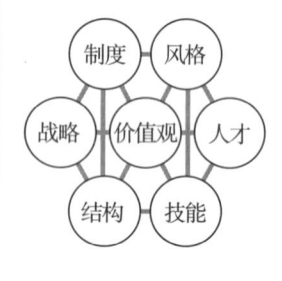

```
   制度 — 风格
   │  ╲ ╱  │
   战略—价值观—人才
   │  ╱ ╲  │
   结构 — 技能
```

指出企业战略必备的 7 个要素。大致分为硬件 3S（战略、制度或系统、组织结构）和软件 4S（价值观、能力或技能、企业风格或经营模式、人才）。

战略系列 | 平衡计分卡（BSC）

财务	客户
业务流程	学习与成长

不仅关注财务指标，而且在增加客户、业务流程、学习和成长几方面因素的基础上，使企业业绩评价趋于平衡和完善，利于组织的长期发展。

战略系列 | 价值创新计划（ERRC）

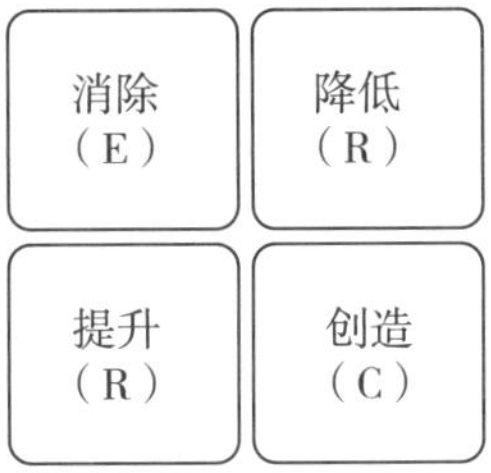

消除 （E）	降低 （R）
提升 （R）	创造 （C）

在降低生产成本的同时，为提高面向顾客的价值，从消除（Eliminate）、降低（Reduce）、提升（Raise）、创造（Create）4点出发分析。

战略系列 | GE 矩阵

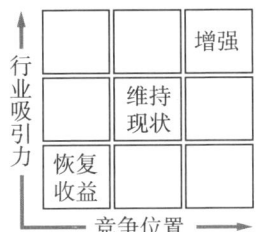

根据长期行业吸引力和竞争力整体（强弱）2项对企业开展的业务进行评估。2项均高时，说明增强；1项低时，说明维持现状；2项均低时，说明需要考虑保持收益的对策。

战略系列 | 价值链分析法

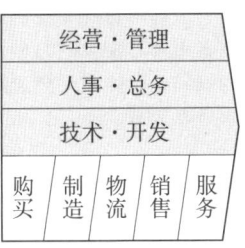

从上游工序到下游工序，把企业的价值创造过程当成一个独特的价值链看待。对在什么环节产生什么价值，应该加强哪些环节等问题进行分析。

战略系列 | 优势矩阵（Advantage Matrix）

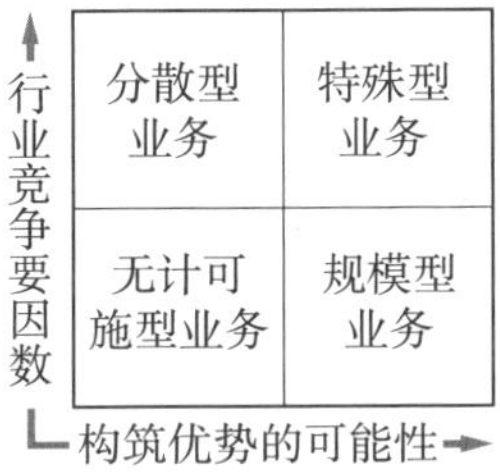

从关键竞争因素的多少，以及构筑行业优势可能性的大小两个坐标轴出发，把行业分成4种类型。类型不同，采用的战略会随之变化。

战略系列 | 产品投资组合管理（PPM）

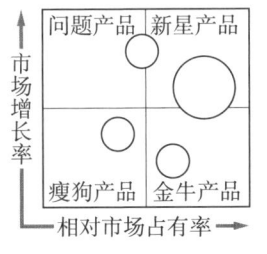

用市场增长率和相对市场占有率对多家企业进行评价，将它们分为4类。通过对各企业现金持有量的分析，考虑业务的重新选择与集中，现金回收，从而对投资进行调整。

战略系列 | 安索夫矩阵

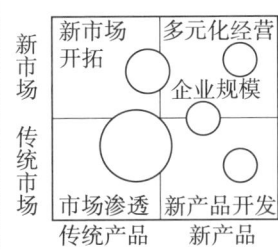

一种通过新旧市场组合和产品组合分析企业经营战略的模式。分为市场渗透战略、新产品开发战略、新市场开拓战略、多元化战略4个选项。

战略系列 | 价值组合管理（Value Portfolio）

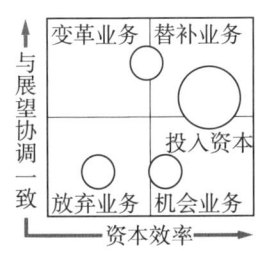

一种用于分析对什么项目进行投资及企业重组等问题时采用的方法。资本效率是从企业股东立场出发的视角，与具体展望间的协调一致性则是经营者的视角。

战略系列 | 投资组合技术分析

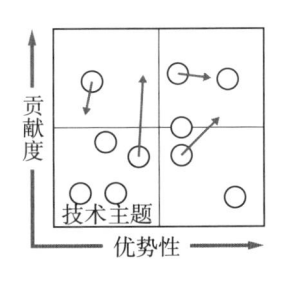

纵轴是对企业的贡献度，横轴是占据竞争优势的投资组合，以此对技术主题进行定位。还可用于分析未来的发展趋势。

战略系列 | **情景规划**（Scenario Planning）

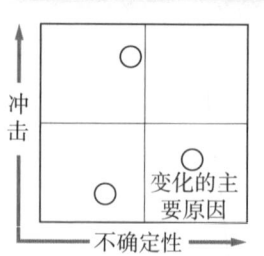

采用情景规划法对几种未来可能发生的情况进行立案时，用冲击性和不确定性两个坐标轴对各种扑朔迷离的变化原因进行分析，以此界定关键要素（Scenario Driver）。

市场系列 | **TCP**

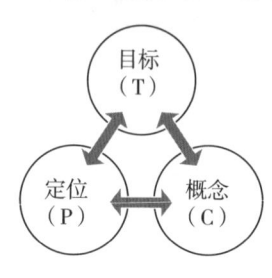

在思考业务内容时从目标（Target）、商品概念（Concept）、定位（Position）3个角度出发进行探讨。

市场系列
Marketing

市场系列 | **构思力**（Concept Making）

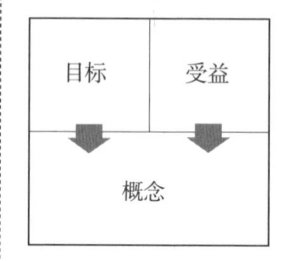

以作为目标对象的消费者和为其提供的方便性为基础，设计商品概念和服务概念的组合。

市场系列 | **4P**

也叫市场营销组合（Marketing Mix）。从产品（Product）、价格（Price）、流通（Place）和促销（Promotion）4个基本要素的组合分析有效的市场营销战略。

市场系列 | **定位图**（Positioning Map）

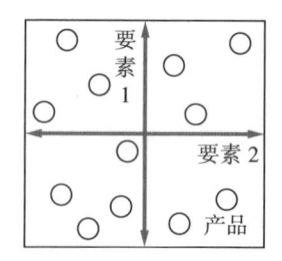

采用两个坐标轴对市场和消费者进行分类，探讨本企业的最佳定位。为明确企业定位而设定两个轴。

市场系列 | **4C 理论**

一种从消费者角度出发设定市场营销组合的方法，分为消费者价值、顾客成本、顾客的便利性、顾客间的沟通（Cnsumer value, Consumer Cost, Convenience, Communication）4个基本

市场系列 | **产品生命周期**

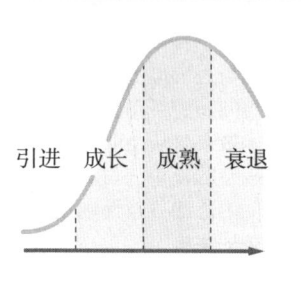

指产品的市场寿命。一种产品从进入市场开始，直到最终退出市场为止，所经历的引进期、成长期、成熟期、衰退期4个阶段。根据这一市场生命循环过程制定市场营销战略。

市场系列 | 采用者分布曲线

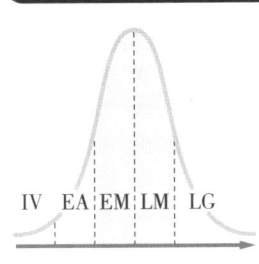

一种新产品面市后，按革新者（Innovator）、早期采用者（Aarly Adopter）、前期追随者（Early Majority）、后期追随者（late Majority）、落后者（Laggard）的顺序采用。

市场系列 | AIDMA

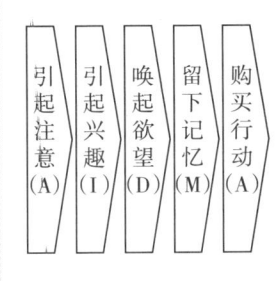

把消费者从接触信息到最后达成购买经历的心理过程分为引起注意（Attention）、引起兴趣（Interest）、唤起欲望（Desire）、留下记忆（Memory）、购买行动（Action）5个阶段。对于消费者会在哪一阶段产生购买欲的问题进行探讨。

市场系列 | 消费者投资组合

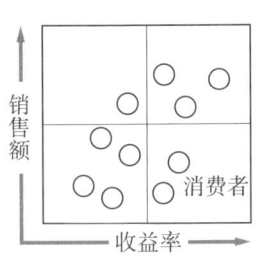

纵轴设定销售额、横轴设定收益率的投资组合，以此界定消费者定位。销售额和收益率双双走高的消费者为优等消费者。

解决问题系列
Problem Sloving

市场系列 | RFM

为了衡量客户对企业的忠实程度，从最近一次消费（Recency）、消费频率（Frequency）、消费金额（Monetary）三项指标入手进行评估，找出优等消费者。

解决问题系列 | 逻辑树

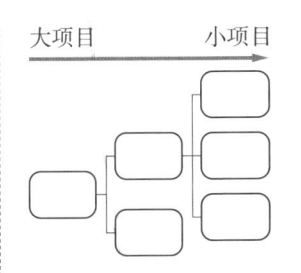

按"大项目→中项目→小项目"顺序和分层的方式来思考事物。要点在于无遗漏、不重复地构建树状结构。

市场系列 | CS/CE

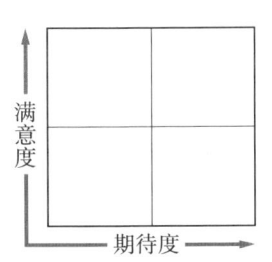

从消费者满意度（CS）、顾客期待度（CE）两个坐标轴入手分析提升顾客价值的方法。例如，对于期待度高但满意度低的产品和服务，需要采取措施进行改善。

解决问题系列 | Why Tree

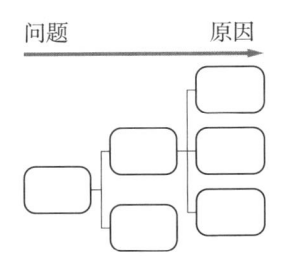

一种用于筛选产生问题（What）的原因（Why）时的树状图。

解决问题系列 | How Tree

课题 → 方案

一种将目标课题（What）落实到具体方案（How）中的树状图。

解决问题系列 | More/Less 分析

More	Less

在共享未来前景的过程中，通过列举增加项（More）和减少项（Less）使具体形象更直观易懂。

解决问题系列 | 金字塔结构

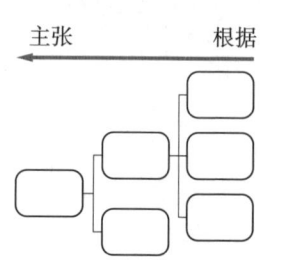

主张 ← 根据

按对应论点的多项根据、对应某项根据的根据等进行排序，是一种使论点更清晰易懂的树状架构图。

解决问题系列 | 感到自豪的事物/感到遗憾的事物

感到自豪的事物	感到遗憾的事物

公开对自身现状的观点和思考，从感到自豪及感到遗憾的事物两个角度出发分析。

解决问题系列 | 假设树

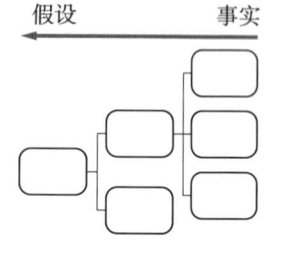

假设 ← 事实

一种用来分析多项事实、建立假设的树状图。

解决问题系列 | 可控/不可控

可控	不可控

针对一个大课题，从通过己方努力可行的内部话题和以环境变化为首的己方不可行的外部环境两方面进行分析。

解决问题系列 | 特性要因图 (Fishbone chart)

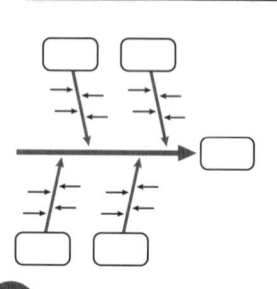

把问题的主要原因分为大切入点和小切入点，像鱼骨一样按相互关联性整理而成。是一种用于改善问题的必备工具。

解决问题系列 | 可行/不可行

可行	不可行

选出己方无法实现的课题后，列举现在能够实现的课题，在此基础上进一步列举今后可能实现的课题。该法具有推动讨论向积极方向转化的作用。

解决问题系列 | 期待/课题矩阵

对照期待（希望实施的内容）逐一列举（为实现这些期待必须实施的内容）课题，在二者交汇处列举实际行动。

	课题				
	1	2	3	4	5
期待 A					
B					
C					
D					

解决问题系列 | 流程表

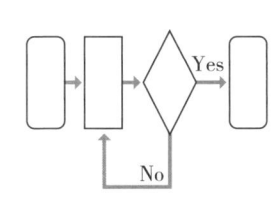

一种按时间序列对要素进行整理的表格。用于分析、整理工序流程和处理步骤，也称流程图。

解决问题系列 | AS-IS/TO-BE 分析

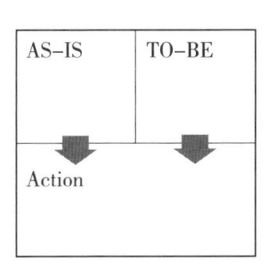

明确现状（As is）和未来（To be），思考填补二者之间差距的方案（Action）。用于共享具体展望和制定行动计划（注：现状指不做修改或改进，未来指重组或优化以后）。

解决问题系列 | 流程绘制（Process Mapping）

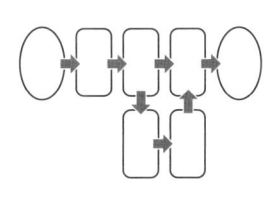

采用流程（趋势）对业务推动方法等问题进行分析，以期发现无效工序和滞后工序（瓶颈），探讨有效的业务流程模式。

解决问题系列 | 时序分析法

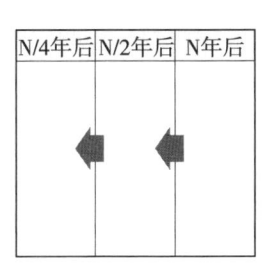

预测 N 年后的前景，为实现该前景，中期阶段应该实现什么目标，1/4 阶段应该实现什么目标，用行动方案把具体展望连接起来。

N/4年后	N/2年后	N年后

解决问题系列 | PERT

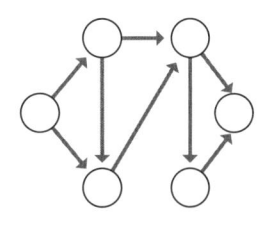

一种工程管理方法。在网络图中绘制各项任务，以期在掌握工程整体概况的同时缩短时间。完整表述是 Program Evaluation and Review Technique。

解决问题系列 | 封闭表

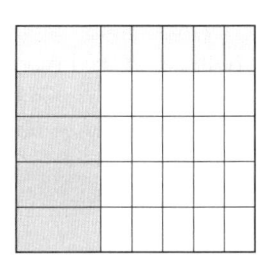

采用两个切入点对要素进行整理时常用的一种表格。例如，纵轴设为课题，横轴设为责任部门，交会处写出具体方案。

解决问题系列 | 关联图

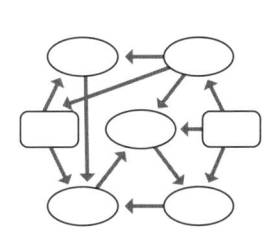

对与问题相关的各种因素的因果关系进行分析，以锁定根本原因和容易着手处理的重要原因（Leverage）。

解决问题系列 | 系统图

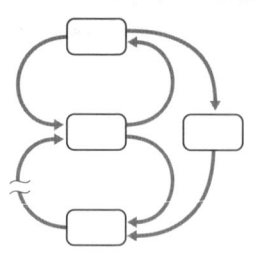

按系统分门别类地捕捉问题，用环状（循环）图描述要素之间的因果关系，探讨结构分析和变革。系统化思考是构成系统图的基础。

解决问题系列 | 集合图（圆交叉图）

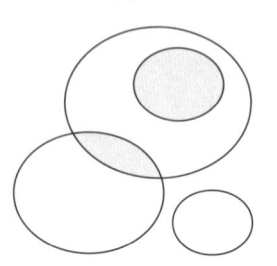

一种描述要素之间包含关系的图表。根据圆的重叠情况，可显示独立、交叉、包含 3 种关系。

解决问题系列 | 亲和图

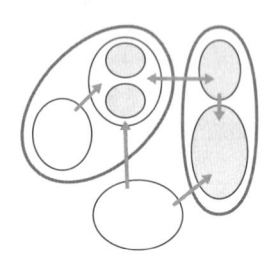

针对尚未明确的问题，按与之相关的各种主要原因之间的亲和性（相近性）归纳整理，制成图表，能明确根本性问题和解决方案的方向。

解决问题系列 | 权限圆

对措施的可实现性进行分析，按照在己方的权限范围内可行、对有权限的人施加影响和无能为力 3 种情况进行分析。

解决问题系列 | 4P 发现问题术

为了发现问题，从重新选择目的轴（Purpose）、明确立场轴（Position）、思考空间轴（Perspective）、明确时间轴（Period）4 个角度分析非常重要（注：目的轴指究竟"为了什么"；立场轴意指究竟"对谁而言是问题"；空间轴是"俯瞰问题"；时间轴指"以什么时间点为标准把握问题"）。

解决问题系列 | 改进 4 原则（ECRS 法）

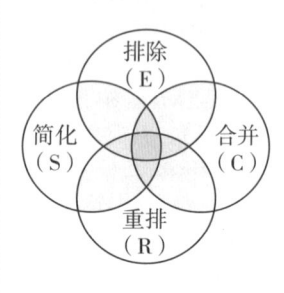

一种在寻找改进工作方法的过程中，归纳 4 大重要原则的方法。ECRS，即有无取消的可能性（Eliminate）、有些工作能否合并（Combine）、能否改变工作的先后顺序（Rearrange）、现行方法能否简化（Simplify）。

解决问题系列 | 3M

为了提高工作的生产效率，必须排除 MURI（过负荷）、MUDA（没效率）、MURA（不稳定）3 个因素。

解决问题系列 | QCD

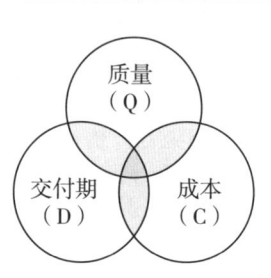

在生产过程中，从质量（Quality）、成本（Cost）、交付期（Delivery）3 个角度出发思考很重要。

解决问题系列 | 价值工程法（VE）

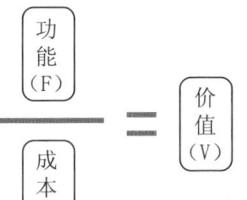

$$\frac{功能（F）}{成本（C）} = 价值（V）$$

针对成本（Cost），通过提升产品或服务的必要功能，使顾客价值（Value）最大化的一种价值工程的基本思维模式。

构思创意型 | 思维导图

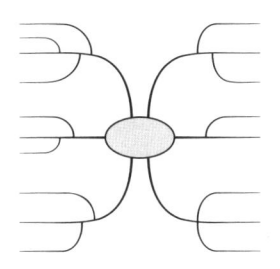

把从中央主题向四周呈放射状扩展的关键词和意象连接起来，是一种扩展人们进行自由创意的工具。

构思创意型
Idea

构思创意型 | 奥斯本检核表

尝试其他用途	借用	改变
扩大	缩小	代用
重新调整	颠倒	组合

由头脑风暴法的倡导者——奥斯本将拓展创意的9大切入点归纳而成的一种方法。和头脑风暴法组合使用效果更佳。

构思创意型 | 曼陀罗法

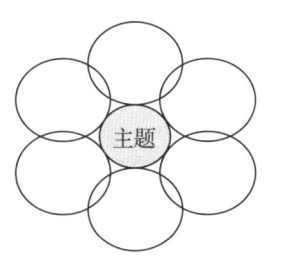

沿5~6个切入点，将引导出来的与主题相关的各种想法或联想整理成一种工具。切入点可以在现场自由设定。

构思创意型 | 六顶思考帽

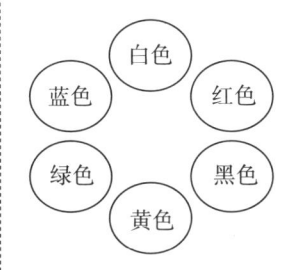

白色、蓝色、红色、绿色、黑色、黄色

由诸多参加者围绕某一主题进行讨论时，按白色（信息）、红色（情感）、黑色（消极）、黄色（积极）、绿色（创造）、蓝色（战略）6个角度的顺序获得方案的思维工具。

构思创意型 | 曼陀罗思考法

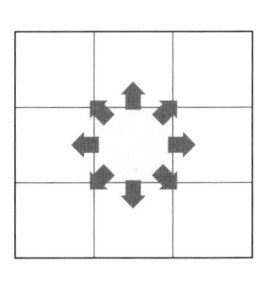

一种有助扩散性思维的有效工具。从九宫格中央的主题向四面八方扩展，把引导出来的想法写在其余的八个格内。随后，进一步以每个格内的子题延伸引出另外八个想法，如此反复，直到引出无限创意。

构思创意型 | 规则/职责/工具

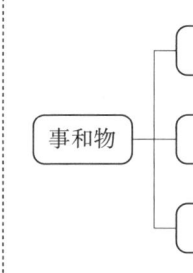

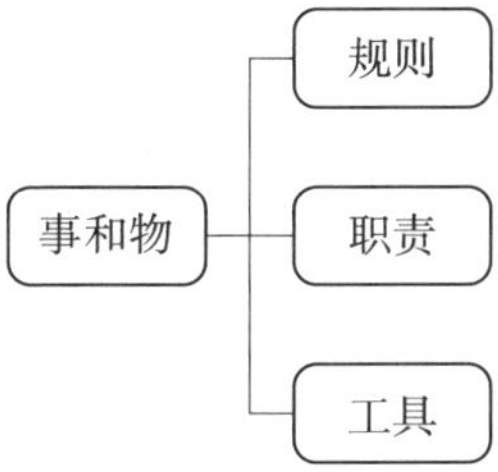

事和物 — 规则 / 职责 / 工具

明确事和物的职责（Role）、规则（Rule）、工具（Tool），各因素稍作变化会产生新的创意。

构思创意型 | 要素/功能/属性

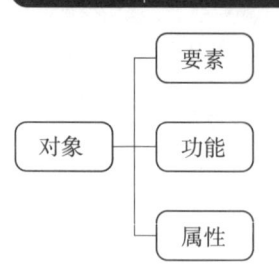

对象 — 要素 / 功能 / 属性

从要素（零部件、构成要素）、功能（效能、方便）、属性（性能、特征）3个角度出发，围绕改进和超越创意的空间进行探讨。

决策系列 | 决策矩阵

	标准1 ×3	标准2 ×2	标准3 ×5	标准4 ×1	合计
A					
B					
C					
D					
E					

需从多个选项中选出一项时可使用此种方法。在设定重要性（重要程度）的同时创建评价轴，为选项打分，然后选择综合得分最高的一种。

决策系列
Decision Making

决策系列 | 决策树（Decision Tree）

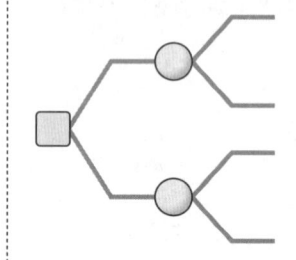

采用树状图描述决策之间的连锁关系，通过推测在各个分歧点的效果（或损害）和发生概率，更容易对最佳选择项做出选择。

决策系列 | 赞成反对表（T表）

赞成	反对

对围绕某一主题的赞成意见（Pros）和反对意见（Cons）进行归纳整理，使决策的制定更容易进行的一种工具。赞成和反对也可以用优点（Merit）和缺点（Demerit）代替。

决策系列 | 冲突模式（Conflict Mode）

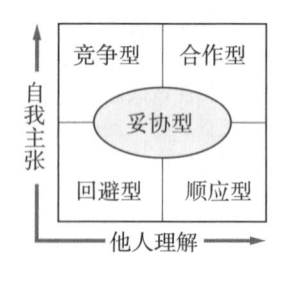

自我主张 ↑
竞争型	合作型
妥协型	
回避型	顺应型
→ 他人理解

对于人在冲突时的反应，用自己的想法能否强烈外现和对他人的想法怎样理解两方面进行分类，可分为5种冲突模式。

决策系列 | 支付矩阵（Payoff Matrix）

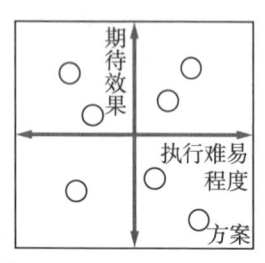

期待效果 / 执行难易程度 / 方案

为确定对象的优先顺序，从"效果大——小"，"可轻松实现——难以实现"两个坐标轴入手分析。效果大、可轻松实现的方案最理想。

决策系列 | 对立图

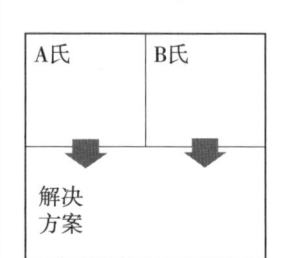

A氏	B氏
↓	↓

解决方案

观点对立时，筛选双方的辩解理由和背景，找出二者达成共识的目标。在此基础上，灵活思考实现目标的解决方案。

管理系列
Management

管理系列 | 3W

Who	When	What

会议结束时，需明确谁（Who）、到什么时间为止（When）、干什么（What）时使用。有时也称为"To do目录"或行动计划。

管理系列 | 管理层次 (Management Hierarchy)

具体展望 / 战略 / 战术 / 计划 / 管理

进行组织结构管理时，需要构建层次管理结构。从整体组织规划，经过战略、战术和计划，到日常业务管理，这种有机连接是最理想的划分法。

管理系列 | 3S/5S

整理　整顿　清扫
清洁　素质

3S，指为安全有效地构建舒适的职场环境，开展以整理、整顿、清扫为内容的活动。在3S的基础上增加清洁和素质的5S活动也很常用。

管理系列 | PDCA 循环

计划（P）→ 执行（D）→ 验证（C）→ 改善（A）

为持续改善业务结构，必须按照计划（Plan）、执行（Do）、检查（Check）、行动（Action）的顺序周而复始地运作。

管理系列 | OARR

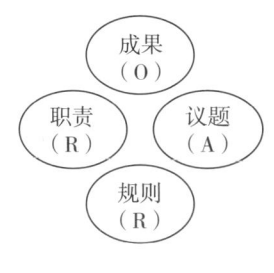

成果（O）、职责（R）、议题（A）、规则（R）

召开会议和研讨会之初必须阐明和共享的4个因素，分别是期待成果（Outcome）、讨论项目（Agenda）、职责分担（Rote）、规则（Rule）。

管理系列 | 5W1H

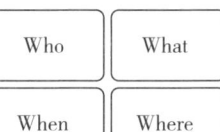

Who	What
When	Where
Why	How

5W1H是指由谁执行（Who）；对象是什么（What）；在什么时间执行、什么时间完成（When）；在什么地方执行（Where）；为什么执行（Why），采取哪些有效措施（How）。是一种广泛用于向上级汇报、制作宣传资料、制定实施计划等的架构。有时还会增加多少（How much）和对什么人（Whom）两项要素。

管理系列 | 日之丸分析

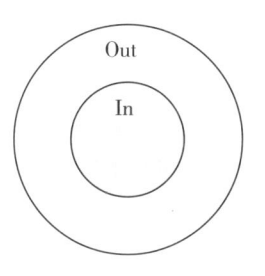

Out / In

当工作范围和组织职责发生混乱时，具体按什么工作对应哪一部分，哪一项是否对应哪一部分为条件进行划分，对应图表的相应部分（注：日之丸即为"日之圆"）。

管理系列 | 目标层次分析

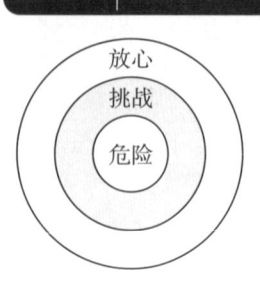

设定目标时，按不可实现的危险领域、能力所及的挑战领域、能轻松实现的放心领域3点进行划分。

（图：三个同心圆，由外到内依次为"放心""挑战""危险"）

管理系列 | Want/Should 矩阵

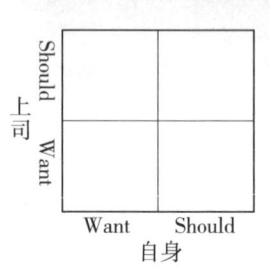

采用 Want（想做什么）和 Should（应该做什么）二维矩阵划分上级和自己对工作的不同看法。估算手头工作，看哪个领域所占的比例高。

（图：二维矩阵，纵轴"上司"分 Should/Want，横轴"自身"分 Want/Should）

管理系列 | 能够执行的工作/希望执行的工作

能够执行的工作	希望执行的工作

针对跨部门课题，按本部门能够执行的工作和希望其他部门执行的工作分别提议。

管理系列 | 价值/成果矩阵

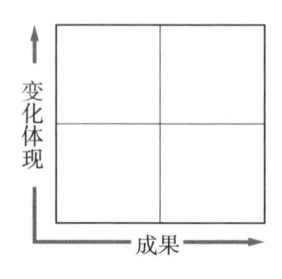

采用能够体现企业设定的任务和变化情况及获得什么成果的二维矩阵对人才进行评价。即使获得成果，如果方向错误，也不是理想状态。

（图：二维矩阵，纵轴"变化体现"，横轴"成果"）

管理系列 | Wants/Commitment

Wants	Commitment

明确区分每个个体想做什么、期待什么（Wants），以及对团队所做的贡献（Commitment），以此提高团队的整体感。

管理系列 | Plus / Delta

Plus（+）	Delta（Δ）

进行活动回顾时，逐一列举好的部分（Plus）和希望努力的部分（Delta）。

管理系列 | 重要度/紧急度矩阵

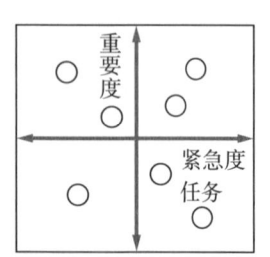

（图：二维矩阵，纵轴"重要度"，横轴方向标注"紧急度任务"，矩阵中散布若干圆点）

采用重要度和紧急度二维矩阵对自己的工作进行分析，思考怎样设法增加培养人才和改善业务系统这类重要度高但紧急度低的工作。

管理系列 | KPT

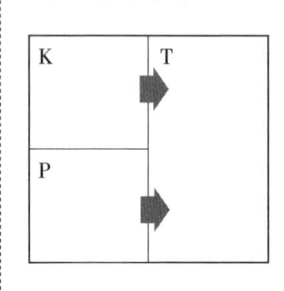

（图：K、T在上，P在下，中间有箭头）

对延续性项目活动进行往期回顾时，从今后要保持的（Keep）、今后要避免的问题（Problem）、今后要尝试的（Try）3项出发进行分析。

组织开发系列
Organizational Developmnt

组织开发系列 | 需要阶层说

自我实现的需要
尊重的需要
归属和爱的需要
安全需要
情感需要

人的欲望分成 5 个层次，当低层次的需要得到满足时，就会转入高层次，比自我实现需求更高层次的是超越自我。

组织开发系列 | 组织活性化的 3 要素

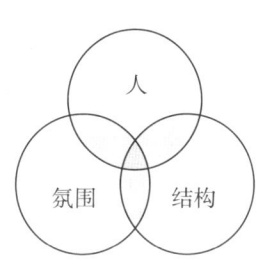

人 / 氛围 / 结构

为增强组织活力，应从改变人员的心情和思维模式、完善结构和系统、改变组织氛围和文化 3 方面入手。

组织开发系列 | 双因素激励理论

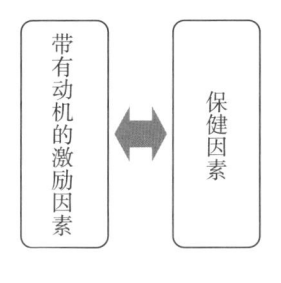

带有动机的激励因素 ↔ 保健因素

一种激励理论思维模式，分为满足该条件时激发干劲的"带有动机的激励因素"和未满足该条件时没有干劲的"保健因素"。

组织开发系列 | 能力 3 要素

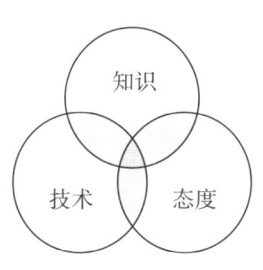

知识 / 技术 / 态度

从知识或信息（Knowledge）、技术或技能（Skill）、态度或行动（Motivation）3 方面评价团队成员的综合能力。3 项兼备者为理想人才。

组织开发系列 | 意愿能力矩阵

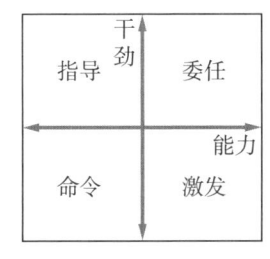

干劲
指导 | 委任
—————— 能力
命令 | 激发

意愿能力（Will-Skill）矩阵用于探讨人才培养，根据干劲大小和能力强弱改变做法。例如，各方面均高者交给本人负责，各方面均低者强制其实施。

组织开发系列 | 3 项技能

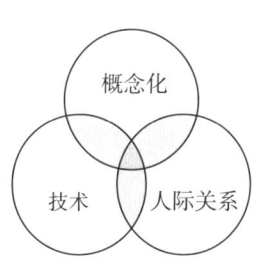

概念化 / 技术 / 人际关系

从逻辑思考力等概念性技能（Conceptual Skill）、沟通能力等人际关系能力（Human Skill）、专业技能（Technical Skill）3 方面评价团队成员的综合能力。

组织开发系列 | 赫曼模式（Herrmann Model）

逻辑性	创造性
管理性	人际关系

根据不同人经常使用的大脑区域不同，把人划分为逻辑思考能力强的人、创造力高的人、管理能力强的人和人际关系交往能力强的人 4 种类型。

组织开发系列 | 沟通模式（Communication Style Model）

情感外露	−	+
自我主张 +	控制者	促动者
自我主张 −	分析者	支持者

按情感外露方式的强弱，自我主张表现的强弱把人分成4种类型。根据分类不同，能在某种程度上预测不同人的行动模式，并据此制定相关策略。

组织开发系列 | 经验学习模式

经验 → 反思 → 概念化 → 实践 →（循环）

获得具体经验后，反思并重新审视其过程。将由此获得的知识以抽象性的概念加以升华，在下一次机会中积极运用于实践。是把经验和学习结合起来的一种循环模式。

组织开发系列 | 自我衡量（Egogram）

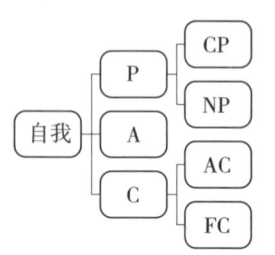

自我 — P — CP / NP
自我 — A
自我 — C — AC / FC

运用交流分析（TA）将自我状态划分为批判式家长（CP）、保护式家长（NP）、合理性成人（A）、顺从型孩子（AC）、自由型孩子（FC）5种，从这5种出发思考问题。

组织开发系列 | Will/Can/Must

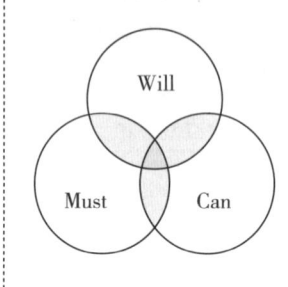

Will、Must、Can 三圆交集

通过想做的（Will）、能做的（Can）、必须做的（Must）3个因素的组合，发现自己未来的发展方向。

组织开发系列 | 迈尔斯类型指标（MBTI）

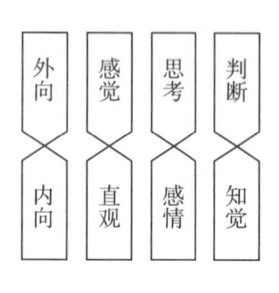

外向／内向
感觉／直观
思考／感情
判断／知觉

迈尔斯类型指标从4个切入点对日常生活中人的心理和行动进行分析，帮助人们深度发现自我。全称是迈尔斯类型指标（Myers-Briggs Type Indicator）。该法在职业生涯规划、团队建设等领域被广泛应用。

组织开发系列 | 乔哈利之窗

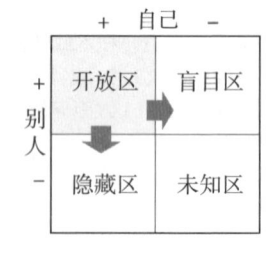

	＋自己	−
＋别人	开放区	盲目区
−别人	隐藏区	未知区

根据自己知道或自己不知道、别人知道或别人不知道这种标准，可以把人划分为4个象限。扩大自我公开区和来自他人的反馈时，信息交流的象限将不断扩大。

组织开发系列 | GROW 模式

目标（G）→ 现状（R）→ 资源（R）→ 选择（O）→ 意愿（W）

按照明确目标（Goal）、把握现状（Reality）、发现资源（Resouce）、创造选择项（Option）、确认意愿（Will）5个步骤进行训练。

组织开发系列 | 领导一体化（Leaders Integration）

①知道	②想知道
③建议知道	④我们能够

领导不在场时，团队成员按顺序自我公开，其后由领导总结回答。该模式适用于加强团队成员和领导之间关系的团队建设。

组织开发系列 | PM 理论

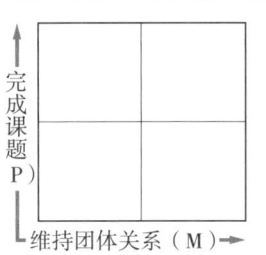

从实现课题目标（Performance）和维持团体关系（Maintain）两个因素出发，更容易理解领导行为。P 值和 M 值均高的 PM 型领导最好。

纵轴：完成课题（P）
横轴：维持团体关系（M）

组织开发系列 | 企业变革 3 要素

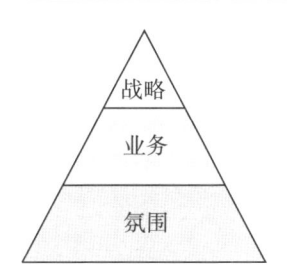

为使企业变革获得成功，需从战略改革（Restructuring）、业务流程改革（Re-engineering）、组织氛围改革（Reminding）3 个角度出发进行思考。

金字塔：战略、业务、氛围

组织开发系列 | SL 理论

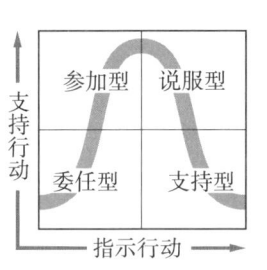

一种把下属的工作热情和业务熟练度两种因素结合起来，改变领导能力的思维模式。也叫情境领导（Situational Leadership）理论。

四象限：参加型、说服型、委任型、支持型
纵轴：支持行动　横轴：指示行动

组织开发系列 | 变革的 8 个阶段

根据变革型领导理论启示，企业变革可以分成 8 个阶段实施。各阶段都有容易落入的陷阱，请务必注意。

阶段：危机意识、团队、展望、宣传贯彻、自发促进、短期成果、推动变革、落实

组织开发系列 | SECI 模型

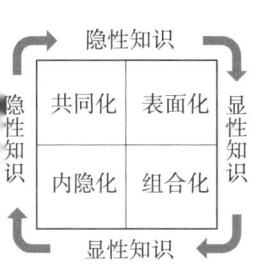

在知识创造型企业中，个人和组织之间，通过隐性知识和显性知识不断互相转化，以此创造新知识。

四象限：共同化、表面化、内隐化、组合化
隐性知识／显性知识

组织开发系列 | 力场（Force Field）

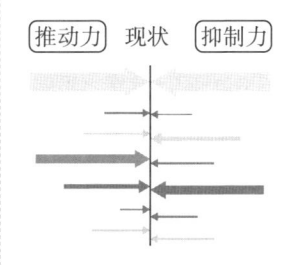

列举推动解决问题的因素（推动力）和阻碍因素（抑制力），分析各种力量的均衡。对是否存在进一步提高推动力、减弱抑制力的可能性进行探讨。

推动力　现状　抑制力

组织开发系列 | 塔克曼模型

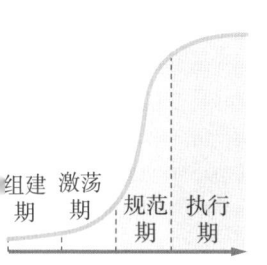

作为一个整体，团队在成长过程中经历的阶段。经过组建期（Forming）、激荡期（Storming）、规范期（Norming），最终进入执行期（Performing）。

阶段：组建期、激荡期、规范期、执行期

组织开发系列 | 利益相关者分析

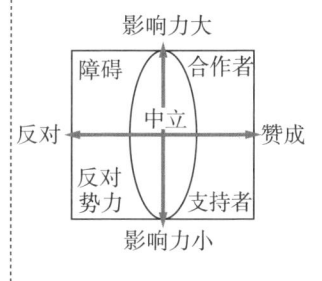

在推动组织改革时，从对改革持赞成或反对意见和对组织影响力的大或小两方面，对利益相关者（Stakeholder）进行分类，根据不同类型思考不同的应对方法。

纵轴：影响力大／影响力小
横轴：反对／赞成
分类：障碍、合作者、中立、反对势力、支持者

245

组织开发系列 | 抵抗势力分析

		意识面	
		+	−
行动面	+	过度确信	维持型
	−	纠结型	回避型

在推动组织改革时，从团队成员是否理解改革的意义，是否具有行动能力两项对抗势力进行分类。类型不同，探讨方法也不同。

沟通系列 | ARCS 学习动机模型

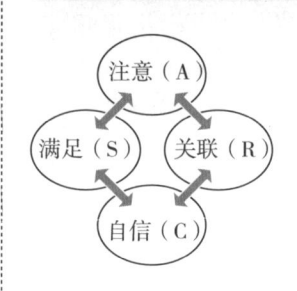

注意（A）— 关联（R）— 自信（C）— 满足（S）

在提高人的学习动机时，有注意（Attention）、关联（Relevance）、自信（Confidence）和满足（Satisfaction）4 个方面。

沟通系列 Communication

沟通系列 | 目录/背景（Contents/Context）

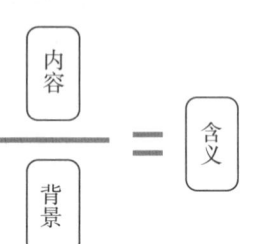

$$\frac{\text{内容}}{\text{背景}} = \text{含义}$$

主张（Image）的含义（Meaning）由发言内容（Contents）、发言者所处的背景（立场和前提）及上下文关系（Context）决定，是一种沟通的基本思维方式。

沟通系列 | PRES

要点（P）、理由（R）、事例（E）、归纳（S）

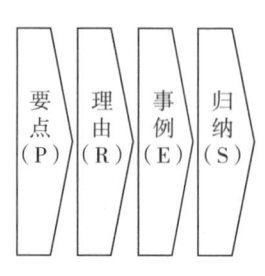

一种逻辑表达法。按要点（Point）、理由（Reason）、事例（Example）、归纳（Summary）顺序发表意见。

沟通系列 | 自我公开循环

经验 → 感情 → 思考 → 价值 → 行动

为了让对方敞开心扉，可按事实、经验、知觉、感情、思考、考核、价值、信念、决心、行动的顺序提问。

沟通系列 | FABE 销售法则

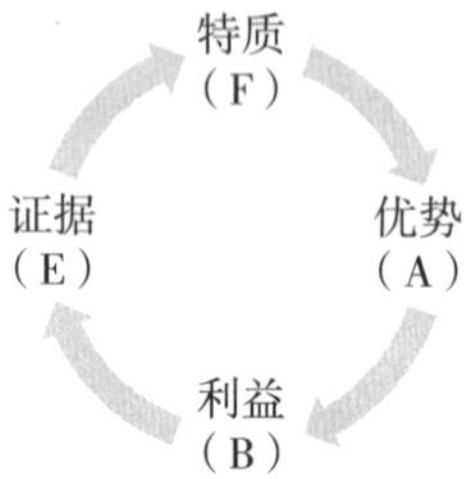

特质（F）→ 优势（A）→ 利益（B）→ 证据（E）

为了使面向顾客的推荐具有说服性，按照特质（Features）、优势（Advantages）、利益（Benefits）、证据（Evidence）的顺序说明。

沟通系列 | PRAM 模式（谈判管理模式）

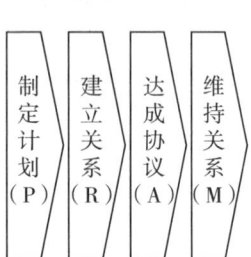

制定计划（P）、建立关系（R）、达成协议（A）、维持关系（M）

从双赢角度出发与对方进行谈判时，制定谈判计划（Planning）、建立关系（Relation）、达成协议（Agreement）和维持关系（Maintenance）4 步缺一不可。

定量分析系列
Quantitative Analysis

定量分析系列 | 条形图

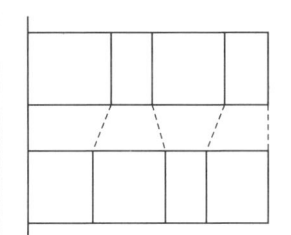

一种按比例分割条状长方形的图表。在描述构成要素比（比例）和变化时使用。

定量分析系列 | 柱状图

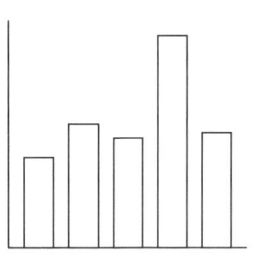

一种以柱形结构的长度为变量来描述数量分布情况的图表。在对比数量和大小时使用。

定量分析系列 | 直方图

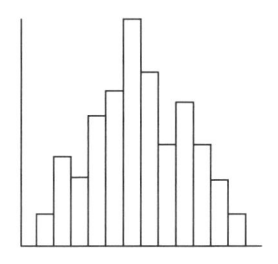

一种以柱形的高度描述各层级度数（数据）分布情况的图表，在描述数据分布时使用。

定量分析系列 | 折线图

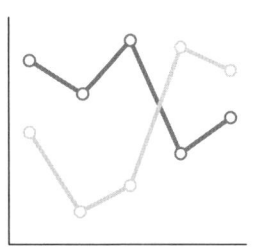

一种用直线连接测定点位置的图表。用于描述伴随时间变化而发生数量变化的情况。

定量分析系列 | 散布图（相关图）

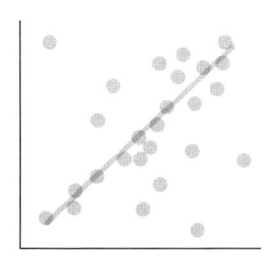

一种在横轴、纵轴上取两个变量后，绘制数据的图表。在观察变量间的相关关系，查找脱离关联性的特殊数据时使用。

定量分析系列 | 圆饼图

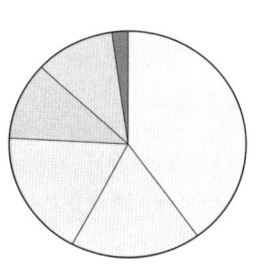

一种把按比例绘制的圆（或半圆）分割成扇形的图表。在描述构成要素的比例时使用。

定量分析系列 | 雷达图（蛛网图）

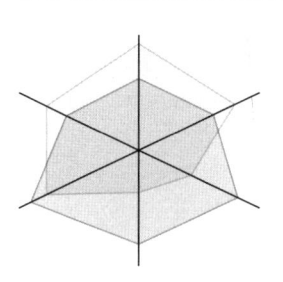

一种用折线将呈放射状分布的轴的数据连接而成的图表。在对多个项目之间的平衡进行比较时使用。

定量分析系列	气泡式图表

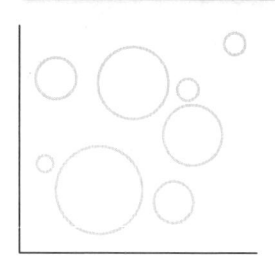

根据数值大小，在两个坐标轴上绘制圆（气泡）的图表。在分析数值分布和定位时使用。

定量分析系列	帕累托分析法（ABC 分析）

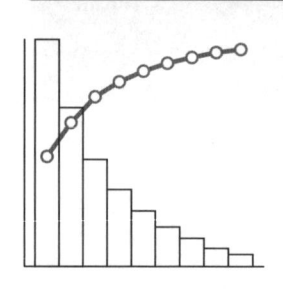

一种按数量多少对构成要素排序的条形图和描述其累积量的折线图二者结合而成的图表。用于分析其上位关键因素对整体贡献的情况。

定量分析系列	面积图

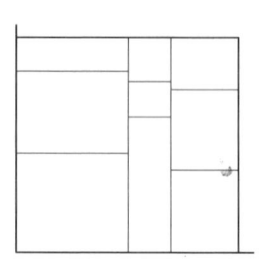

一种用面积大小描述数量比例的图表。在描述构成要素比例和分配时使用。

定量分析系列	风险分析

	影响	概率	风险
案例 A			
案例 B			
案例 C			

对照预测结果（影响）及发生概率，预估风险和期待值的大小。

定量分析系列	瀑布图（Buildup Chart）

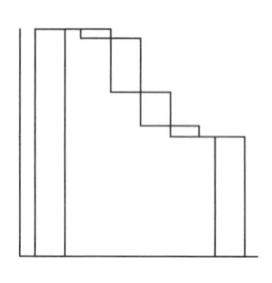

一种用对应大小的长方形描述两个数值间差值要素的图表。在进行差异分析时使用。

定量分析系列	敏感性分析（Spider Chart）

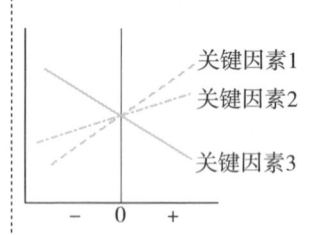

用于分析当某个关键因素发生变化时，会对结果产生什么样的影响。用雷达图描述会更简便。

关键因素1
关键因素2
关键因素3

定量分析系列	流量分析（Flowout Analysis）

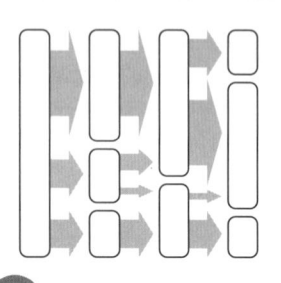

采用对应物质流和信息流大小的箭头绘制图表，对整体流量进行分析。

定量分析系列	巴雷特法则

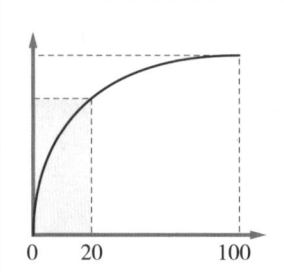

构成整体的大部分（80%）是由一部分构成要素（20%）的变量产生的经验法则，又称"80/20法则"。被用于质量管理、库存管理、顾客管理等多项领域。